BULLETIN OFFICIEL

DU

MINISTÈRE DE LA GUERRE.

RÉQUISITIONS

Édition mise à jour des textes en vigueur
jusqu'au 5 août 1896.

PARIS

HENRI CHARLES-LAVAUZELLE

Éditeur militaire

11, PLACE SAINT-ANDRÉ-DES-ARTS, 11

(Même maison à Limoges.)

BULLETIN OFFICIEL

DU

MINISTÈRE DE LA GUERRE.

RÉQUISITIONS

Édition mise à jour des textes en vigueur
jusqu'au 5 août 1896.

PARIS

HENRI CHARLES-LAVAUZELLE

Éditeur militaire

11, PLACE SAINT-ANDRÉ-DES-ARTS, 11

(Même maison à Limoges.)

BULLETIN OFFICIEL

DU

MINISTÈRE DE LA GUERRE.

RÉQUISITIONS MILITAIRES

Dispositions générales.

Nº 1. *Loi relative aux réquisitions militaires* (1).

Versailles, le 3 juillet 1877.

Le Sénat et la Chambre des députés ont adopté,

Le Président de la République promulgue la loi dont la teneur suit :

TITRE Iᵉʳ.

CONDITIONS GÉNÉRALES DANS LESQUELLES S'EXERCE LE DROIT DE RÉQUISITION.

Art. 1ᵉʳ. En cas de mobilisation partielle ou totale de l'armée, ou de rassemblement de troupes, le Ministre de la guerre détermine l'époque où commence, sur tout ou partie du territoire français, l'obligation de fournir les prestations nécessaires pour suppléer à l'insuffisance des moyens ordinaires d'approvisionnement de l'armée.

Art. 2. Toutes les prestations donnent droit à des indemnités représentatives de leur valeur, sauf dans les cas spécialement déterminés par l'article 15 de la présente loi.

Art. 3. Le droit de requérir appartient à l'autorité militaire.

Les réquisitions sont toujours formulées par écrit et signées.

---

(1) Modifiée par la loi du 5 mars 1890. — Pour l'application de la loi du 3 juillet 1877 à l'Algérie, voir le décret du 8 août 1885, p. 62.

Elles mentionnent l'espèce et la quantité des prestations imposées et, autant que possible, leur durée.

Il est toujours délivré un reçu des prestations fournies.

Art. 4. Un règlement d'administration publique déterminera les conditions d'exécution de la présente loi, en ce qui concerne la désignation des autorités ayant qualitépour ordonner ou exercer les réquisitions, la forme de ces réquisitions et les limites dans lesquelles elles pourront être faites.

TITRE II.

DES PRESTATIONS A FOURNIR PAR VOIE DE RÉQUISITION.

Art. 5. Est exigible, par voie de réquisition, la fourniture des prestations nécessaires à l'armée et qui comprennent notamment :

1º Le logement chez l'habitant et le cantonnement, pour les hommes et pour les chevaux, mulets et bestiaux, dans les locaux disponibles, ainsi que les bâtiments nécessaires pour le personnel et le matériel des services de toute nature qui dépendent de l'armée ;

2º La nourriture journalière des officiers et soldats logés chez l'habitant, conformément à l'usage du pays ;

3º Les vivres et le chauffage pour l'armée, les fourrages pour les chevaux, mulets et bestiaux ; la paille de couchage pour les troupes campées ou cantonnées ;

4º Les moyens d'attelage et de transport de toute nature, y compris le personnel ;

5º Les bateaux ou embarcations qui se trouvent sur les fleuves, rivières, lacs et canaux ;

6º Les moulins et les fours ;

7º Les matériaux, outils, machines et appareils nécessaires pour la construction ou la réparation des voies de communication, et, en général, pour l'exécution de tous les travaux militaires ;

8º Les guides, les messagers, les conducteurs, ainsi que les ouvriers pour tous les travaux que les différents services de l'armée ont à exécuter ;

9º Le traitement des malades ou blessés chez l'habitant ;

10º Les objets d'habillement, d'équipement, de campement, de harnachement, d'armement et de couchage, les médicaments et moyens de pansement ;

11º Tous les autres objets et services dont la fourniture est nécessitée par l'intérêt militaire.

Hors le cas de mobilisation, il ne pourra être fait réquisition que des prestations énumérées aux cinq premiers paragraphes du présent article. Les moyens d'attelage et de transport, bateaux et embarcations, dont il est question aux §§ 4 et 5, ne pourront également être requis chaque fois, hors le cas de mobilisation, que pour une durée maximum de 24 heures.

Art. 6. Les réquisitions relatives à l'emploi d'établissements industriels pour la fourniture de produits autres que ceux qui résultent de leur fabrication normale, ne pourront être exercées que sur un ordre du Ministre de la guerre ou d'un commandant d'armée ou de corps d'armée (1).

Art. 7. Nouvelle rédaction (loi du 5 mars 1890) :

« En cas d'urgence, sur l'ordre du Ministre de la guerre ou de l'autorité militaire supérieure chargée de la défense de la place, il peut être pourvu par voie de réquisition à la formation des approvisionnements nécessaires à la subsistance des habitants des places de guerre.

« Les réquisitions à exercer en vue de la constitution de ces approvisionnements pourront êtres faites par les autorités administratives en vertu d'une délégation spéciale du gouverneur de la place.

« Un règlement d'administration publique désignera les autorités civiles auxquelles le droit de requérir pourra être délégué, et déterminera les conditions et les formes dans lesquelles ce droit s'exercera. »

TITRE III.

DU LOGEMENT ET DU CANTONNEMENT.

Art. 8. Le logement des troupes, en station ou en marche, chez l'habitant, est l'installation, faute de casernement spécial, des hommes, des animaux et du matériel dans les parties des maisons, écuries, remises ou abris des particuliers reconnues, à la suite d'un recensement, comme pouvant être affectées à cet usage, et fixées en proportion des ressources de chaque particulier ; les conditions d'installation afférentes aux militaires de chaque grade aux animaux et au matériel, étant d'ailleurs déterminées par les règlements en vigueur.

Le cantonnement des troupes, en station ou en marche, est l'installation des hommes, des animaux et du matériel dans les maisons, établissements, écuries, bâtiments ou abris de toute nature appartenant soit aux particuliers, soit aux communes ou aux départements, soit à l'Etat, sans qu'il soit tenu compte des conditions d'installation attribuées, en ce qui concerne le logement défini ci-dessus, aux militaires de chaque grade, aux animaux et au matériel, mais en utilisant, dans la mesure du nécessaire, la

---

(1) Instruction du 10 mai 1894, chapitre 1er, § 1er, 4e alinéa, et chapitre II, 11e alinéa, p. 90 et 92.

contenance des locaux, sous la réserve toutefois que les propriétaires ou détenteurs conservent toujours le logement qui leur est indispensable.

Art. 9. Aux termes de l'article 5 ci-dessus, et en cas d'insuffisance des bâtiments militaires destinés au logement des troupes dans les places de guerre ou les villes de garnison, il y est suppléé au moyen de maisons ou d'établissements loués par les municipalités, reconnus et acceptés par l'autorité militaire, ou au moyen du logement des officiers et des hommes de troupe chez l'habitant. Cette disposition est également applicable à la fourniture des magasins et des écuries.

Le logement est fourni de la même manière, à défaut de bâtiments militaires dans les villes, villages, hameaux et maisons isolées, aux troupes détachées ou cantonnées, ainsi qu'aux troupes de passage et aux militaires isolés.

Art. 10. Il sera fait par les municipalités un recensement de tous les logements, établissements et écuries, que les habitants peuvent fournir pour le logement ou le cantonnement des troupes, dans les circonstances spécifiées à l'article 9.

Ce recensement sera communiqué à l'autorité militaire.

Il pourra être revisé en tout ou en partie dans les localités et aux époques fixées par le Ministre de la guerre.

Art. 11. Dans tous les cas où les troupes devront être logées ou cantonnées chez l'habitant, l'autorité militaire informera les municipalités du jour de leur arrivée.

Les municipalités délivreront ensuite, sur la présentation des ordres de route, les billets de logement, en observant de réunir, autant que possible, dans le même quartier les hommes et les chevaux appartenant aux mêmes unités constituées, afin d'en faciliter le rassemblement.

Art. 12. Dans l'établissement du logement ou du cantonnement chez l'habitant, les municipalités ne feront aucune distinction de personnes, quelles que soient leurs fonctions ou qualités.

Seront néanmoins dispensés de fournir le logement dans leur domicile les détenteurs de caisses publiques déposées dans ledit domicile, les veuves et filles vivant seules et les communautés religieuses de femmes. Mais les uns et les autres sont tenus d'y suppléer en fournissant le logement en nature chez d'autres habitants, avec lesquels ils prendront des arrangements à cet effet ; à défaut de quoi, il y sera pourvu à leurs frais par les soins de la municipalité.

Les officiers et les fonctionnaires militaires, dans leur garnison ou résidence, ne logeront pas les troupes dans le logement militaire qui leur sera fourni en nature ; et lorsqu'ils seront logés en dehors des bâtiments militaires, ils ne seront tenus de fournir le logement aux troupes qu'autant que celui qu'ils occuperont excèdera la proportion affectée à leur grade ou à leur emploi.

Les officiers en garnison dans le lieu de leur habitation ordinaire seront tenus de fournir le logement dans leur domicile propre, comme les autres habitants.

Art. 13. Les municipalités veilleront à ce que la charge du logement ou du cantonnement soit répartie avec équité sur tous les habitants.

Les habitants ne seront jamais délogés de la chambre et du lit où ils ont l'habitude de coucher ; ils ne pourront néanmoins, sous ce prétexte, se soustraire à la charge du logement selon leurs facultés.

Hors le cas de mobilisation, le maire ne pourra envahir le domicile des absents ; il devra loger ailleurs à leurs frais.

Les établissements publics ou particuliers requis préalablement par l'autorité militaire, et effectivement utilisés par elle, ne seront pas compris dans la répartition du logement ou du cantonnement.

Art. 14. Les troupes seront responsables des dégâts et dommages occasionnés par elles dans leurs logements ou cantonnements. Les habitants qui auront à se plaindre, à cet égard, adresseront leurs réclamations, par l'intermédiaire de la municipalité, au commandant de la troupe, afin qu'il y soit fait droit, si elles sont fondées.

Lesdites réclamations devront être adressées et les dégâts constatés, à peine de déchéance, avant le départ de la troupe, ou, en temps de paix, trois heures après, au plus tard ; un officier sera laissé, à cet effet, par le commandant de la troupe.

Art. 15. Le logement des troupes, en cas de passage, de rassemblement, de détachement ou de cantonnement, donnera droit à l'indemnité, conformément à l'article 2 ci-dessus, sauf les exceptions suivantes :

1º Le logement des troupes de passage chez l'habitant ou leur cantonnement pour une durée maximum de trois nuits dans chaque mois, ladite durée s'appliquant indistinctement au séjour d'un seul corps ou de corps différents chez les mêmes habitants ;

2º Le cantonnement des troupes qui manœuvrent ;

3º Le logement chez l'habitant ou le cantonnement des troupes rassemblées dans les lieux de mobilisation et leurs dépendances pendant la période de mobilisation, dont un décret fixe la durée.

Art. 16. En toutes circonstances, les troupes auront droit, chez l'habitant, au feu et à la chandelle.

Art. 17. Dans tous les cas où les troupes seront gratuitement logées chez l'habitant ou cantonnées, le fumier provenant des animaux appartiendra à l'habitant. Dans tous les cas où le logement chez l'habitant et le cantonnement donneront droit à une indemnité, le fumier restera la propriété de l'Etat, et son prix pourra être déduit du montant de ladite indemnité, avec le consentement de l'habitant.

Art. 18. Un règlement d'administration publique fixera les détails d'exécution du logement des troupes en dehors des bâtiments militaires, notamment les conditions du logement attribué aux militaires de chaque grade.

Il déterminera, en outre, le prix de la journée de logement ou de cantonnement pour les hommes ou les animaux et le prix de la journée de fumier.

TITRE IV.

DE L'EXÉCUTION DES RÉQUISITIONS.

Art. 19. Toute réquisition doit être adressée à la commune; elle est notifiée au maire. Toutefois, si aucun membre de la municipalité ne se trouve au siège de la commune, ou si une réquisition urgente est nécessaire sur un point éloigné du siège de la commune et qu'il soit impossible de la notifier régulièrement, la réquisition peut être adressée directement par l'autorité militaire aux habitants.

Les réquisitions exercées sur une commune ne doivent porter que sur les ressources qui y existent, sans pouvoir les absorber complètement.

Art. 20. Le maire, assisté, sauf le cas de force majeure ou d'extrême urgence, de deux membres du conseil municipal appelés dans l'ordre du tableau, et de deux des habitants les plus imposés de la commune, répartit les prestations exigées entre les habitants et les contribuables, alors même que ceux-ci n'habitent pas la commune et n'y sont pas représentés.

Cette répartition est obligatoire pour tous ceux qui y sont compris.

Il est délivré par le maire, à chacun d'eux, un reçu des prestations fournies.

Le maire prendra les mesures nécessitées par les circonstances, pour que, dans le cas d'absence de tout habitant ou contribuable, la répartition, en ce qui le concerne, soit effective.

Au lieu de procéder par voie de répartition, le maire, assisté comme il est dit ci-dessus, peut, au compte de la commune, pourvoir directement à la fourniture et à la livraison des prestations requises; les dépenses qu'entraîne cette opération sont imputées sur les ressources générales du budget municipal, sans qu'il soit besoin d'autorisation spéciale.

Dans les cas prévus par le premier paragraphe de l'article 19, ou lorsque les prestations requises ne sont pas fournies dans les délais prescrits, l'autorité militaire fait d'office la répartition entre les habitants.

Art. 21. Dans le cas de refus de la municipalité, le maire, ou celui qui en fait fonctions, peut être condamné à une amende de vingt-cinq à cinq cents francs (25 à 500 fr.).

Si le fait provient du mauvais vouloir des habitants, le recouvrement des prestations est assuré, au besoin, par la force ; en outre, les habitants qui n'obtempèrent pas aux ordres de réquisitions sont passibles d'une amende qui peut s'élever au double de la valeur de la prestation requise.

En temps de paix, quiconque abandonne le service pour lequel il est requis personnellement est passible d'une amende de seize à cinquante francs (16 à 50 fr.).

En temps de guerre, et par application des dispositions portées à l'article 62 du Code de justice militaire, il est traduit devant le conseil de guerre et peut être condamné à la peine de l'emprisonnement de six jours à cinq ans, dans les termes de l'article 194 du même Code.

Art. 22. Tout militaire qui, en matière de réquisitions, abuse des pouvoirs qui lui sont conférés, ou qui refuse de donner reçu des quantités fournies, est puni de la peine de l'emprisonnement, dans les termes de l'article 194 du Code de justice militaire ; tout militaire qui exerce des réquisitions sans avoir qualité pour le faire est puni, si ces réquisitions sont faites sans violence, conformément au cinquième paragraphe de l'article 248 du Code de justice militaire.

Si ces réquisitions sont exercées avec violence, il est puni conformément à l'article 250 du même Code.

Le tout sans préjudice des restitutions auxquelles il peut être condamné.

Art. 23. Dans les eaux maritimes, les propriétaires, capitaines ou patrons de navires, bateaux et embarcations de toute nature sont tenus, sur réquisition, de mettre ces navires, bateaux ou embarcations à la disposition de l'autorité militaire, qui a le droit d'en disposer dans l'intérêt de son service et qui peut également requérir le personnel en tout ou en partie.

Ces réquisitions se font par l'intermédiaire de l'administration de la marine, sur les points du littoral où elle est représentée.

TITRE V.

DU RÈGLEMENT DES INDEMNITÉS.

Art. 24. Lorsqu'il y a lieu, par application de l'article 1er de la présente loi, de requérir des prestations pour les besoins de l'armée, le Ministre de la guerre nomme, dans chaque département où peuvent être exercées des réquisitions, une commission chargée d'évaluer les indemnités dues aux personnes et aux communes qui ont fourni des prestations.

Un règlement d'administration publique déterminera la composition et le fonctionnement de cette commission, qui devra comprendre des membres civils et des membres militaires, en assurant la majorité à l'élément civil (1).

Art. 25. Le maire de chacune des communes où il a été exercé des réquisitions adresse, dans le plus bref délai, à la commission, avec une copie de l'ordre de réquisition, un état nominatif contenant l'indication de toutes les personnes qui ont fourni des prestations, avec la mention des quantités livrées, des prix réclamés par chacune d'elles et de la date des réquisitions.

L'autorité militaire fixe, sur la proposition de la commission, l'indemnité qui est allouée à chacun des intéressés.

Art. 26. Dans les trois jours de la proposition de la commission, les décisions de l'autorité militaire sont adressées au maire et notifiées administrativement par lui à chacun des intéressés ou à leur résidence habituelle, dans les vingt-quatre heures de la réception.

Dans un délai de quinze jours, à partir de cette notification, ceux-ci doivent faire connaître au maire s'ils acceptent ou refusent l'allocation qui leur est faite.

Faute par eux d'avoir fait connaître leur refus dans ce délai, les allocations sont considérées comme définitives. Le refus sera motivé et indiquera la somme réclamée.

Il est transmis par le maire au juge de paix du canton, qui en donne connaissance à l'autorité militaire et envoie de simples avertissements, sans frais, pour une date aussi prochaine que possible, à l'autorité militaire et au réclamant.

En cas de non conciliation, il peut prononcer immédiatement ou ajourner les parties pour être jugées dans le plus bref délai.

Il statue en dernier ressort jusqu'à une valeur de deux cents francs (200 fr.) inclusivement, et, en premier ressort, jusqu'à quinze cents francs (1,500 fr.) inclusivement. Au-dessus de ce chiffre, l'affaire sera portée devant le tribunal de première instance.

Dans tous les cas, le jugement sera rendu comme en matière sommaire.

Art. 27. Après l'expiration du délai fixé par le deuxième paragraphe de l'article précédent, le maire dresse l'état des allocations devenues définitives par l'acceptation ou le silence des intéressés.

Le montant des allocations portées sur ce tableau est mandaté collectivement, au nom de la commune, par les soins de l'intendance.

Le mandat doit être payé comptant.

En temps de guerre, le paiement peut être fait en bons du Trésor, portant intérêt à 5 p. 100 du jour de la livraison.

---

(1) Instruction du 10 mai 1894, p. 83.

Art. 28. Aussitôt après le paiement du mandat ou l'échéance du bon du Trésor, le maire est tenu de mandater et le receveur municipal est tenu de payer à chaque indemnitaire la somme qui lui revient.

TITRE VI.

DES RÉQUISITIONS RELATIVES AUX CHEMINS DE FER.

Art. 29. Dans les cas prévus par l'article 1er de la présente loi, les compagnies de chemins de fer sont tenues de mettre à la disposition du Ministre de la guerre toutes les ressources en personnel et matériel qu'il juge nécessaires pour assurer les transports militaires. Le personnel et le matériel ainsi requis peuvent être indifféremment employés sans distinction de réseau sur toutes les lignes dont il peut être utile de se servir, tant en deçà qu'au delà de la base d'opérations.

Art. 30. L'autorité militaire peut aussi se faire livrer par les compagnies, sur réquisition, et au prix de revient, le combustible, les matières grasses et autres objets qui seront nécessaires pour le service des chemins de fer en campagne.

Art. 31. Les dépendances des gares et de la voie, y compris les bureaux et fils télégraphiques des compagnies, qui peuvent être nécessaires à l'administration de la guerre, doivent également être mis, sur réquisition, à la disposition de l'autorité militaire.

Les réquisitions seront adressées par l'autorité militaire aux chefs de gare.

Art. 32. Les réquisitions prévues par les articles 29, 30 et 31 de la présente loi, sont exercées conformément aux articles 22 et suivants de la loi du 13 mars 1875, et donnent lieu à des indemnités qui seront déterminées par un règlement d'administration publique.

Art. 33. En temps de guerre les transports commerciaux cessent de plein droit sur les lignes ferrées situées au delà de la station de transition fixée sur la base d'opérations.

Cette suppression ne donne lieu à aucune indemnité.

Art. 34. Les communes ne peuvent comprendre, dans la répartition des prestations qu'elles sont requises de fournir, aucun objet appartenant aux compagnies de chemin de fer.

TITRE VII.

DES RÉQUISITIONS DE L'AUTORITÉ MARITIME.

Art. 35. Les dispositions de la présente loi sont applicables aux réquisitions exercées pour les besoins de l'armée de mer.

Un règlement d'administration publique déterminera les attributions de l'autorité maritime, en ce qui concerne le droit de requérir et les conditions d'exécution des réquisitions.

TITRE VIII.

DISPOSITIONS RELATIVES AUX CHEVAUX, MULETS ET VOITURES NÉCESSAIRES A LA MOBILISATION.

Art. 36. L'autorité militaire a le droit d'acquérir, par voie de réquisition, pour compléter et pour entretenir l'armée au pied de guerre, des chevaux, juments, mules et mulets, et des voitures attelées.

Art. 37. Tous les ans, avant le 16 janvier, a lieu dans chaque commune, sur la déclaration obligatoire des propriétaires, et, au besoin, d'office, par les soins du maire, le recensement des chevaux, juments, mules et mulets, susceptibles d'être requis en raison de l'âge qu'ils ont eu au 1er janvier, c'est-à-dire six ans et au-dessus pour les chevaux et juments, quatre ans et au-dessus pour les mulets et mules.

L'âge se compte à partir du 1er janvier de l'année de la naissance.

Tous les trois ans, avant le 16 janvier, a lieu dans chaque commune, et de la même manière que ci-dessus, le recensement des voitures attelées de chevaux et de mulets, autres que celles qui sont exclusivement affectées au transport des personnes.

Art. 38. Chaque année, le Ministre de la guerre peut faire procéder, du 16 janvier au 1er mars, ou du 15 mai au 15 juin, à l'inspection et au classement des chevaux, juments, mulets ou mules, recensés ou non, ayant l'âge fixé à l'article précédent.

La même opération peut être faite, aux mêmes époques, dans l'année du recensement pour les voitures attelées.

L'inspection et le classement ont lieu en temps de paix, dans chaque commune, à l'endroit désigné à l'avance par l'autorité militaire, en présence du maire ou de son suppléant légal.

Il y est procédé par des commissions mixtes, désignées dans chaque région par le général commandant le corps d'armée, et composées chacune d'un officier président et ayant voix prépondérante en cas de partage, d'un membre civil choisi dans la commune, ayant voix délibérative, et d'un vétérinaire militaire ou d'un vétérinaire civil, ou, à défaut, d'une personne compétente désignée par le maire, ayant voix consultative.

Il ne sera pas alloué d'indemnité au membre civil de ladite commission.

Art. 39. Les animaux reconnus propres à l'un des services de l'armée sont classés suivant les catégories établies au budget pour les achats annuels de la remonte, les chevaux d'officier formant, dans chaque catégorie des chevaux de selle, une classe à part.

Art. 40. Sont exemptés de la réquisition en cas de mobilisation, et ne sont pas portés sur la liste de classement par catégories :

1° Les chevaux appartenant au Chef de l'Etat;

2° Les chevaux dont les fonctionnaires sont tenus d'être pourvus pour leur service;

3° Les chevaux entiers approuvés ou autorisés pour la reproduction;

4° Les juments en état de gestation constatée, ou suitées d'un poulain, ou notoirement reconnues comme consacrées à la reproduction;

5° Les chevaux et juments n'ayant pas atteint l'âge de six ans, les mulets et mules au-dessous de quatre ans;

6° Les chevaux de l'administration des postes, ou ceux qu'elle entretient pour son service par des contrats particuliers;

7° Les chevaux indispensables pour assurer le service des administrations publiques et ceux affectés au transport de matériel nécessité par l'exploitation des chemins de fer. Ces derniers peuvent toutefois être requis au même titre que les voies ferrées elles-mêmes, conformément aux dispositions de l'article 29 de la présente loi.

Art. 41. Les voitures recensées sont présentées tout attelées aux commissions mixtes qui arrêtent leur classement, ainsi que celui des harnais. A l'issue de ce classement, il est procédé, en présence de la commission, à un tirage au sort qui règle l'ordre d'appel des voitures en cas de mobilisation.

Art. 42. Sont exemptées de la réquisition, en cas de mobilisation, et ne sont pas portées sur la liste de classement par catégorie, les voitures indispensables pour assurer le service des administrations publiques et celles affectées aux transports de matériel nécessités par l'exploitation des chemins de fer. Ces dernières peuvent, toutefois, être requises au même titre que les voies ferrées elles-mêmes, conformément aux dispositions de l'article 29 de la présente loi.

Art. 43. Un tableau certifié par le président de la commission mixte et par le maire, indiquant pour chaque commune le signalement des animaux classés, ainsi que le nom de leurs propriétaires, est adressé au bureau de recrutement du ressort.

Un double de ce tableau reste déposé à la mairie jusqu'au classement suivant.

Il est dressé de la même manière un tableau de classement des voitures en double expédition; les numéros de tirage y sont inscrits.

Art. 44. Le contingent des animaux à fournir en cas de mobilisation, dans chaque région, pour compléter et entretenir au pied de guerre les troupes qui y sont stationnées, est fixé par le Ministre de la guerre, d'après les ressources constatées au classement pour chaque catégorie.

Ce contingent est réparti, dans la région, par l'autorité militaire, de manière à égaliser les charges provenant des réquisitions prévues pour les besoins successifs de l'armée. Toutefois, cette répartition n'est notifiée qu'en cas de mobilisation.

L'insuffisance des ressources dans un corps d'armée sera compensée, sur l'ordre du Ministre de la guerre, par l'excédent d'un autre corps d'armée.

Les mêmes dispositions sont applicables aux voitures attelées.

Art. 45. Dès la réception de l'ordre de mobilisation, le maire est tenu de prévenir les propriétaires que : 1° tous les animaux classés présents dans la commune ; 2° tous ceux qui y ont été introduits depuis le dernier classement, et qui ne sont pas compris dans les cas d'exemption prévus par l'article 40 ; 3° tous ceux qui ont atteint l'âge légal depuis le dernier classement ; 4° tous ceux enfin qui, pour un motif quelconque, n'auraient pas été déclarés au recensement, ni présentés au dernier classement, bien qu'ils eussent l'âge légal, doivent être conduits, aux jour et heure fixés pour chaque canton, au point indiqué par l'autorité militaire.

Le maire prévient également les propriétaires des voitures, d'après les numéros de tirage portés sur le dernier état de classement, suivant la demande de l'autorité militaire, d'avoir à les conduire tout attelées au même point de rassemblement.

Les animaux doivent avoir leur ferrure en bon état, un bridon et un licol pourvu d'une longe.

Art. 46. Des commissions mixtes, désignées par l'autorité militaire, procèdent audit point, à la réception, par canton, des animaux amenés, et opèrent le classement non encore fait de ceux qui se trouvent compris dans les cas spéciaux indiqués à l'article précédent.

Si le nombre des animaux présentés à la commission est supérieur au chiffre à requérir dans la catégorie, il est procédé à un tirage au sort pour déterminer l'ordre dans lequel ils seront appelés.

Art. 47. Le propriétaire d'un animal compris dans le contingent a le droit de présenter à la commission de remonte et de faire inscrire à sa place un autre animal non compris dans le contingent, mais appartenant à la même catégorie et à la même classe dans la catégorie.

Art. 48. Après avoir statué sur tous les cas de réforme, de remplacement ou d'ajournement demandé pour cause de maladie, la commission de réception, en présence des maires ou de leurs suppléants légaux, prononce la réquisition des animaux nécessaires pour la mobilisation.

Elle procède également à la réception des voitures attelées.

Elle fixe le prix des voitures et des harnais d'après les prix courants du pays.

Les animaux qui attellent les voitures admises entrent en déduction du contingent requis en vertu du présent article et sont payés conformément à l'article 49 ci-après.

Art. 49. Les prix des animaux requis sont déterminés à l'avance et fixés d'une manière absolue, pour chaque catégorie, aux chiffres portés au budget de l'année, augmentés du quart, pour les chevaux de selle et pour les chevaux d'attelage d'artillerie.

Toutefois, cette augmentation n'est pas applicable aux chevaux entiers (1).

Art. 50. Les propriétaires des animaux, voitures ou harnais requis reçoivent sans délai des mandats en représentant le prix et payables à la caisse du receveur des finances le plus à proximité.

Art. 51. Les propriétaires qui, aux termes de l'article 45, n'auront pas conduit leurs animaux classés ou susceptibles de l'être, leurs voitures attelées désignées par l'autorité militaire, au lieu indiqué pour la réquisition, sans motifs légitimes admis par la commission de réception, sont déférés aux tribunaux, et, en cas de condamnation, frappés d'une amende égale à la moitié du prix d'achat fixé pour la catégorie à laquelle appartiennent les animaux, ou à la moitié du prix moyen d'acquisition des voitures ou harnais dans la région.

Néanmoins, la saisie et la réquisition pourront être exécutées immédiatement, et sans attendre le jugement, à la diligence du président de la commission de réception ou de l'autorité militaire.

Art. 52. Les maires ou les propriétaires de chevaux, juments, mulets ou mules, de voitures ou de harnais, qui ne se conforment pas aux dispositions du titre VIII de la présente loi, sont passibles d'une amende de vingt-cinq à mille francs (25 à 1.000 fr.). Ceux qui auront fait sciemment de fausses déclarations seront frappés d'une amende de cinquante à deux mille francs (50 à 2.000 fr.).

Art. 53. Lorsque l'armée sera replacée sur le pied de paix, les anciens propriétaires des animaux requis pourront les réclamer, sauf restitution du prix intégral de paiement et sous réserve de les rechercher eux-mêmes dans les rangs de l'armée, et d'aller les prendre à leurs frais au lieu de garnison des corps ou de l'officier détenteur.

---

(1) Les dispositions de ce paragraphe ne sont pas applicables à l'Algérie (décision présidentielle du 15 septembre 1886, p. 65).

TITRE IX.

DISPOSITIONS SPÉCIALES AUX GRANDES MANŒUVRES.

Art. 54. Les indemnités qui peuvent être allouées en cas de dommages causés aux propriétés privées par le passage ou le stationnement des troupes dans les marches, manœuvres et opérations d'ensemble, prévues à l'article 28 de la loi du 24 juillet 1873, doivent, à peine de déchéance, être réclamées par les ayants droit, à la mairie de la commune, dans les trois jours qui suivront le passage ou le départ des troupes.

Une commission attachée à chaque corps d'armée ou fraction de corps d'armée opérant isolément, procède à l'évaluation des dommages. Si cette évaluation est acceptée, le montant de la somme fixée est payé sur-le-champ.

En cas de désaccord, la contestation sera introduite et jugée comme il a été dit à l'article 26.

Un règlement d'administration publique déterminera la composition et le mode de fonctionnement de la commission.

DISPOSITIONS GÉNÉRALES.

Art. 55. Tous les avertissements et autres actes qu'il sera nécessaire de signifier à l'autorité militaire, pour l'exécution de la présente loi, le seront à la mairie du chef-lieu de canton.

Art. 56. Sont abrogées toutes les dispositions antérieures relatives aux réquisitions militaires, et notamment le titre V de la loi du 10 juillet 1791, et les lois des 26 avril, 23 mai, 2 septembre et 13 décembre 1792, 19 brumaire an III, 28 juin 1815 ; les décrets des 11, 22 et 28 novembre 1870, et la loi du 1er août 1874.

La présente loi, délibérée et adoptée par le Sénat et par la Chambre des députés, sera exécutée comme loi de l'Etat.

Fait à Versailles, le 3 juillet 1877.

Signé : M^{al} DE MAC-MAHON, DUC DE MAGENTA.

Par le Président de la République :

Le Ministre de la guerre,
Signé : Gal A. BERTHAUT.

Nº 2. *Décret (1) portant règlement d'administration publique pour l'exécution de la loi sur les réquisitions militaires.*

Paris, le 2 août 1877.

Le Président de la République française,

Sur le rapport des Ministres de la guerre et de la marine et des colonies ;

Vu la loi du 3 juillet 1877, sur les réquisitions militaires, et notamment les articles 4, 18, 24, 32, 35 et 54, qui renvoient à un règlement d'administration publique les dispositions propres à assurer l'exécution de ladite loi;

Le Conseil d'Etat entendu,

Décrète :

TITRE Iᵉʳ.

CONDITIONS GÉNÉRALES DANS LESQUELLES S'EXERCE LE DROIT DE RÉQUISITION.

Art. 1ᵉʳ. En cas de mobilisation totale de l'armée, l'autorité militaire peut user du droit de requérir les prestations nécessaires à l'armée, depuis le jour de la mobilisation jusqu'au moment où l'armée est remise sur le pied de paix.

Art. 2. En cas de mobilisation partielle ou de rassemblement de troupes, pour quelque cause que ce soit, des arrêtés du Ministre de la guerre déterminent l'époque où pourra commencer et celle où devra se terminer l'exercice du droit de réquisition, ainsi que les portions de territoire où le droit de réquisition pourra être exercé.

Ces arrêtés sont publiés dans les communes.

Art. 3. Lorsque la mobilisation totale est ordonnée, les généraux commandant des armées, des corps d'armée, des divisions ou des troupes ayant une mission spéciale peuvent de plein droit exercer des réquisitions.

Ils peuvent déléguer le droit de requérir aux fonctionnaires de l'intendance ou aux officiers commandant des détachements.

Art. 4. En cas de mobilisation partielle ou de rassemblement de troupes, la faculté d'exercer des réquisitions, dans les limites

---

(1) Ce décret a subi les modifications qui y ont été apportées par les décrets des 23 novembre 1886 et 3 juin 1890.

Nota. Les quatre derniers alinéas de l'art. 23 et les articles 30 et 33 nouveaux provenant du décret du 23 novembre 1886, introduits dans le présent décret, ont fait l'objet d'une instruction portant la même date, reproduite ci-après.

prévues à l'article 2 du présent décret, n'appartient de plein droit qu'aux généraux commandant les corps d'armée mobilisés ou les rassemblements de troupes.

Le droit de requérir peut être délégué par eux aux fonctionnaires de l'intendance ou aux officiers commandant des détachements.

Art. 5. Les ordres de réquisition sont détachés d'un carnet à souche qui est remis à cet effet entre les mains des officiers appelés à exercer des réquisitions.

Art. 6. Les généraux désignés dans les articles 3 et 4 du présent décret peuvent remettre aux chefs de corps ou de service des carnets à souche d'ordres de réquisition contenant délégation du droit de requérir, pour être délivrés par ces chefs de corps ou de service aux officiers sous leurs ordres qui pourraient être éventuellement appelés à exercer des réquisitions.

Art. 7. Les reçus délivrés par les officiers chargés de la réception des prestations fournies sont extraits d'un carnet à souche qui est fourni par l'autorité militaire, comme les carnets d'ordres de réquisition.

Art. 8. Exceptionnellement et seulement en temps de guerre, tout commandant de troupe ou chef de détachement opérant isolément peut, même sans être porteur d'un carnet de réquisitions, requérir, sous sa responsabilité personnelle, les prestations nécessaires aux besoins journaliers des hommes et des chevaux placés sous ses ordres.

Art. 9. Les réquisitions ainsi exercées sont toujours faites par écrit et signées ; elles sont établies en double expédition, dont l'une reste entre les mains du maire et l'autre est adressée immédiatement, par la voie hiérarchique, au général commandant le corps d'armée. Il est donné reçu des prestations fournies.

Art. 10. Nouvelle rédaction (décret du 3 juin 1890) :

Lorsque, par application des dispositions contenues dans l'article 7 de la loi du 3 juillet 1877, modifié par la loi du 5 mars 1890, il y a lieu de pourvoir, par voie de réquisition, à la formation des approvisionnements nécessaires à la subsistance des habitants d'une place de guerre, le gouverneur peut déléguer le droit de requérir les prestations destinées à la constitution de ces approvisionnements aux préfets, sous-préfets et maires, appelés à participer aux opérations du ravitaillement.

La même délégation peut être donnée pour le même objet aux ingénieurs des corps des ponts et chaussées et des mines.

Il est délivré, par l'intermédiaire des préfets, aux autorités civiles investies du droit de requérir, des carnets à souche d'ordres de réquisition et de reçus.

Le gouverneur devra indiquer d'une manière spéciale, dans la délégation, la nature et l'importance des prestations qui feront l'objet des réquisitions.

L'officier qui a reçu délégation du droit de requérir doit, après avoir terminé la mission pour laquelle il a reçu cette délégation, remettre immédiatement son carnet d'ordres de réquisition à son chef de corps ou de service, qui le fait parvenir à la commission chargée du règlement des indemnités.

Le fonctionnaire investi du droit de requérir doit, dans les mêmes conditions, remettre sans délai son carnet d'ordres de réquisition au préfet du département, qui fait également parvenir ce carnet à la commission chargée du règlement des indemnités.

Les conditions et les formes dans lesquelles les autorités civiles et administratives exercent le droit de réquisition qui leur a été délégué sont les mêmes que celles déterminées par le présent décret pour les officiers.

TITRE II.

DES PRESTATIONS A FOURNIR PAR VOIE DE RÉQUISITION.

Art. 11. Les officiers qui peuvent être appelés à requérir le logement chez l'habitant, ou le cantonnement de troupes sous leurs ordres, doivent consulter les états dressés en exécution de l'article 10 de la loi du 3 juillet 1877 et des articles 23 et suivants du présent décret, et ne réclamer dans chaque commune le logement que pour un nombre d'hommes et de chevaux inférieur ou au plus égal à celui qui est indiqué par lesdits tableaux.

Art. 12. Lorsque des troupes sont logées chez l'habitant et que celui-ci est requis de leur fournir la nourriture, il ne peut être exigé une nourriture supérieure à l'ordinaire de l'individu requis.

Art. 13. L'officier commandant un détachement qui réquisitionne dans une commune des fournitures en vivres, denrées ou fourrages pour la nourriture des troupes ou des chevaux sous ses ordres, doit mentionner sur la réquisition la quantité de rations requises et la quotité de la ration réglementaire.

Art. 14. Quand il y a lieu de requérir des chevaux, voitures ou harnais pour des transports qui doivent amener un déplacement de plus de cinq jours avant le retour des chevaux et voitures, il est procédé, avant la prise de possession, à une estimation contradictoire faite par l'officier requérant et le maire.

Art. 15. Si des chevaux ou voitures, requis pour accompagner un détachement ou convoi, sont perdus ou endommagés, le chef du détachement ou convoi doit délivrer au conducteur un certificat constatant le fait.

Il y joint son appréciation des causes du dommage, et, si l'estimation préalable n'a pas eu lieu, une évaluation de la perte subie.

Art. 16. En cas de refus de l'officier chef du détachement ou du convoi de délivrer les pièces mentionnées à l'article précédent, le conducteur des chevaux et voitures endommagés devra s'adresser immédiatement au juge de paix, ou, à défaut du juge de paix, au maire de la commune où s'est produit le dommage, pour en faire constater les causes et la valeur.

Art. 17. Toutes les fois qu'il est fait une réquisition d'outils, matériaux, machines, bateaux, embarcations en dehors des eaux maritimes, etc., pour une durée de plus de huit jours, il est procédé, avant l'enlèvement desdits objets, à une estimation faite contradictoirement par l'officier requérant et le maire de la commune.

S'il est, plus tard, restitué tout ou partie desdits objets, procès-verbal est dressé de cette restitution, ainsi que des détériorations subies, et mention en est faite sur le reçu primitivement délivré, auquel le procès-verbal est annexé.

Art. 18. Si la réquisition de moulins a pour objet d'en attribuer temporairement à l'autorité militaire l'usage exclusif, il est procédé, avant et après la prise de possession, à une constatation sommaire par l'officier requérant et le maire de la commune.

Art. 19. Les chefs de détachements qui requièrent des guides ou conducteurs pour accompagner les troupes doivent pourvoir à leur nourriture, ainsi qu'à celle des chevaux, comme s'ils faisaient partie de leur détachement, pendant toute la durée de la réquisition.

Art. 20. Les guides, les messagers, les conducteurs et les ouvriers qui sont l'objet de réquisitions reçoivent, à l'expiration de leur mission, un certificat qui en constate l'exécution et qui est délivré : pour les guides, par les commandants de détachements ; pour les messagers, par les destinataires ; pour les conducteurs, par les chefs de convois, et pour les ouvriers, par les chefs de service compétents.

Art. 21. Lorsqu'il y a lieu de requérir le traitement de malades ou blessés, les maires fournissent des locaux spéciaux pour le traitement desdits malades ou blessés, et, à défaut de locaux spéciaux, les répartissent chez les habitants ; mais s'il s'agit de maladies contagieuses, ils doivent pourvoir aux soins à donner dans des bâtiments où les malades puissent être séparés de la population et qui, au besoin, sont requis à cet effet.

En cas d'extrême urgence, et seulement sur des points éloignés du centre de la commune, l'autorité militaire peut requérir directement des habitants le soin des malades ou blessés ; mais cette réquisition, faite directement, ne peut jamais s'appliquer à des malades atteints de maladies contagieuses.

Art. 22. Si des communes ou des habitants sont requis de recevoir des malades ou des blessés, et si ces derniers ne peuvent pas être soignés par les médecins de l'armée, les visites des médecins civils peuvent donner droit à une indemnité spéciale.

Cette indemnité est fixée par la commission d'évaluation, sur la note du médecin, certifiée par l'habitant qui a logé le malade ou le blessé, ou, si faire se peut, par ce dernier lui-même, et visée par le maire de la commune.

TITRE III.

DU LOGEMENT ET DU CANTONNEMENT.

Art. 23. Les maires dressent, tous les trois ans, en double expédition, sur des modèles qui leur sont transmis par les commandants de régions, un état des ressources que peut offrir leur commune pour le logement et le cantonnement des troupes.

Cet état doit distinguer l'agglomération principale et les hameaux détachés; il doit indiquer approximativement :

1° Le nombre de chambres et de lits qui peuvent être affectés au logement des officiers et le nombre d'hommes de troupe qui peuvent être logés chez l'habitant, à raison d'un lit par sous-officier et d'un lit ou au moins d'un matelas et d'une couverture pour deux soldats;

Le nombre de chevaux, mulets, bestiaux et voitures qui peuvent être installés dans les écuries, étables ou remises;

2° Le nombre d'hommes qui peuvent être cantonnés dans les maisons, établissements, écuries, bâtiments, ou abris de toute nature appartenant soit aux particuliers, soit aux communes ou aux départements, soit à l'Etat, sous la seule réserve que les propriétaires ou détenteurs conserveront toujours les locaux qui leur sont indispensables pour leur logement et celui de leurs animaux, denrées et marchandises.

Addition à cet article (décret du 23 novembre 1886) :

Les officiers et les fonctionnaires militaires, qui sont logés à leurs frais, dans leur garnison ou résidence, ne sont tenus de fournir le logement aux troupes qu'autant que le logement qu'ils occupent excède, quant au nombre de pièces, celui qui serait affecté à leur grade ou à leur emploi dans les bâtiments de l'Etat.

Sur l'état des ressources, les maires ne tiennent compte que de la partie du logement qui excède le nombre de pièces affecté au grade ou à l'emploi, d'après les règlements militaires.

Les détenteurs de caisses publiques déposées dans leur domicile, les veuves et filles vivant seules, et les communautés religieuses de femmes, les officiers et fonctionnaires militaires logés, à leurs frais, dans leur garnison ou résidence, ne sont tenus de fournir le cantonnement que dans les dépendances de leur domicile qui peuvent être complètement séparées des locaux occupés pour l'habitation (1).

---

(1) Voir les circulaires du 31 mai 1887 et 29 mars 1893.

Sur l'état des ressources pour le cantonnement, les maires ne tiennent compte que de ces dépendances.

Art. 24. Les états dressés en exécution de l'article précédent sont adressés aux commandants de régions par l'intermédiaire du préfet.

Lorsque le Ministre de la guerre veut faire opérer la revision de ces états, il charge de cette mission des officiers qui se transportent successivement dans chaque commune.

Il est donné avis aux maires de la mission confiée à ces officiers et de l'époque de leur arrivée dans les communes.

Art. 25. Après la revision, des tableaux récapitulatifs sont imprimés ou autographiés par les soins de l'autorité militaire, et tenus à la disposition des officiers généraux ainsi que des intendants militaires et des commissions de règlement des indemnités. Un extrait est envoyé par les commandants de régions aux maires des communes intéressées.

Art. 26. Lorsque les maires ont reçu l'extrait mentionné à l'article précédent, ils dressent, avec le concours des conseillers municipaux, un état indicatif des ressources de chaque maison pour le logement ou le cantonnement des troupes, d'après le nombre fixé par le tableau indiqué à l'article précédent.

Lorsqu'ils sont requis de loger ou de cantonner des militaires, ils suivent le plus exactement possible l'ordre de cet état indicatif.

Art. 27. Toutes les fois qu'un maire est obligé, par application du deuxième paragraphe de l'article 12 ou du troisième paragraphe de l'article 13 de la loi du 3 juillet 1877, de loger des militaires aux frais et pour le compte de tiers, il prend à cet égard un arrêté motivé, qui est notifié aussitôt que possible à la personne intéressée et qui fixe la somme à payer.

Le payement en est recouvré comme en matière de contributions directes.

Art. 28. S'il est reconnu que des dégâts ont été commis chez un ou plusieurs habitants par des soldats qui y étaient logés ou cantonnés, procès-verbal en est dressé contradictoirement par le maire de la commune et par l'officier chargé d'examiner la réclamation.

S'il s'agit de passage de troupes en temps de paix, le procès-verbal est remis à l'habitant, qui adresse sa réclamation à l'autorité militaire.

En cas de mobilisation, le procès-verbal sert à l'intéressé comme une réquisition ordinaire, et l'indemnité à allouer est réglée comme en matière de réquisition.

Art. 29. En temps de guerre et en cas de départ inopiné des troupes logées chez l'habitant, si aucun officier n'a été laissé en arrière pour recevoir les réclamations, tout individu qui croit avoir à se plaindre de dégâts commis par les soldats logés chez lui et qui n'a pu faire sa réclamation avant le départ de la troupe, porte sa plainte au juge de paix, ou, à défaut de juge de paix, au maire de la commune.

Cette plainte doit être remise moins de trois heures après le départ de la troupe.

Le juge de paix ou le maire se transporte immédiatement sur les lieux, fait une enquête et dresse un procès-verbal qui est remis à la personne intéressée, pour faire valoir ses droits comme en matière de réquisition.

Art. 30. Nouvelle rédaction (Décret du 23 novembre 1886) :

« Toutes les fois qu'une troupe est logée ou cantonnée dans une commune, l'officier qui la commande remet au maire, le dernier jour de chaque mois, ainsi que le jour où la troupe quitte la commune, un état, en double expédition, indiquant l'effectif en officiers, sous-officiers, soldats, chevaux ou mulets, ainsi que la date de l'arrivée et celle du départ.

« Il n'y a pas lieu de fournir cet état lorsqu'il s'agit de cantonnement de troupes qui manœuvrent, ou du logement ou cantonnement de militaires pendant la période de mobilisation. »

Art. 31. Nouvelle rédaction (Décret du 23 novembre 1886) :

« Dans tous les cas où il y a lieu à indemnité pour le logement ou le cantonnement des militaires, cette indemnité n'est due qu'autant que le nombre de lits ou places occupés dans le courant d'un même mois excède le triple du nombre de lits ou places portés sur l'extrait des tableaux dont il est fait mention à l'article 25 ci-dessus. L'excédent seul ouvre droit à indemnité. »

Art. 32. Nouvelle rédaction (Décret du 23 novembre 1886) :

« Le maire justifie toute demande d'indemnité au moyen d'un état récapitulatif appuyé des états d'effectif dressés en exécution de l'article 30.

« Dans le cas où la somme demandée excéderait celle qui est due d'après le principe posé à l'article 31, le maire indiquerait les motifs de la différence.

« L'état récapitulatif est adressé, en double expédition, au sous-intendant militaire de la subdivision de région, qui le vérifie, l'arrête et ordonnance, s'il y a lieu, un mandat de la somme réclamée au nom du receveur municipal de la commune, chargé de payer les intéressés.

« Les contestations qui pourraient s'élever au sujet du règlement de l'indemnité seront jugées conformément aux dispositions des articles 26 de la loi du 3 juillet 1877 et 56 du présent décret. »

Art. 33. Nouvelle rédaction (décret du 23 novembre 1886) :

Lorsqu'il y a lieu d'accorder une indemnité pour logement ou cantonnement de troupes, dans les conditions spécifiées par les articles 15, 17 et 18 de la loi sur les réquisitions, et 30, 31 et 32 du présent décret, le taux de l'indemnité est fixé d'après les bases ci-après :

1º *Logement.*

Par lit d'officier et par nuit . . . .   1 fr. »
Par lit de sous-officier ou soldat, et par nuit. .   0   20
Par place de cheval ou mulet, et par nuit . .   0   05
   (plus le fumier).

2º *Cantonnement.*

Par homme et par nuit   0   05
Par cheval ou mulet . . . .   le fumier.

TITRE IV.

DE L'EXÉCUTION DES RÉQUISITIONS.

Art. 34. Nouvelle rédaction (décret du 3 juin 1890) :

Lorsque des détachements de différents corps ou des troupes de différentes armes se trouvent à la fois dans une commune, les réquisitions ne peuvent être ordonnées que par l'officier auquel le commandement appartient en vertu des règlements militaires (1).

Cette disposition ne s'applique pas aux réquisitions qui peuvent être ordonnées pour les besoins généraux de l'armée, ou pour la constitution des approvisionnements de la population des places de guerre, par les officiers généraux, par les fonctionnaires de l'intendance ou par les autorités civiles désignées à l'article 10 ci-dessus et déléguées spécialement à cet effet par les gouverneurs de ces places.

Art. 35. Nouvelle rédaction (décret du 3 juin 1890) :

Les réquisitions sont toujours adressées au maire de chaque commune, ou, en son absence, à son suppléant légal, sauf dans les cas prévus au paragraphe 1er de l'article 19 de la loi du 3 juillet 1877 et sous réserve des peines édictées à l'article 21 de ladite loi.

Dans le cas où, par application des dispositions de l'article 10 ci-dessus, les réquisitions sont ordonnées par le maire, en vertu d'une délégation spéciale de l'autorité militaire, il les adresse, dans la commune dont il est maire, à son suppléant légal.

Art. 36. Lorsqu'un officier ne trouve aucun membre de la municipalité au siège de la commune, ou lorsqu'il est obligé d'exercer une réquisition urgente dans un hameau éloigné et qu'il n'a

---

(1) Voir la lettre collective du 10 juin 1882 au sujet des avis à donner aux municipalités, en ce qui touche les réquisitions.

pas le temps de prévenir le maire, il s'adresse, autant que possible, à un conseiller municipal, ou, à son défaut, à un habitant, pour se faire aider dans la répartition des prestations à fournir.

Art. 37. Si le maire déclare que les quantités requises excèdent les ressources de sa commune, il doit d'abord livrer toutes les prestations qu'il lui est possible de fournir. L'autorité militaire peut toujours dans ce cas, faire procéder à des vérifications.

Lorsque celle-ci trouve des denrées qui ont été indûment refusées, elle s'en empare, même par la force, et signale le fait à l'autorité judiciaire.

Art. 38. Ne sont pas considérés comme prestations disponibles ou comme fournitures susceptibles d'être réquisitionnées :

1º Les vivres destinés à l'alimentation d'une famille et ne dépassant pas sa consommation pendant trois jours ;

2º Les grains ou autres denrées alimentaires qui se trouvent dans un établissement agricole, industriel ou autre et ne dépassent pas la consommation de huit jours ;

3º Les fourrages qui se trouvent chez un cultivateur et ne dépassent pas la consommation de ses bestiaux pendant quinze jours.

Art. 39. Lorsque le maire reçoit une réquisition, il convoque, sauf le cas d'extrême urgence, deux des membres du conseil municipal et deux des plus imposés dans l'ordre du tableau, en laissant de côté ceux qui habitent loin du centre de la commune.

Quel que soit le nombre des personnes qui répondent à la convocation du maire, celui-ci procède, seul ou avec les membres présents, à la répartition des réquisitions, et ses décisions sont exécutoires sans appel.

Art. 40. S'il y a lieu de requérir la prestation d'un habitant absent et non représenté, le maire peut, au besoin, faire ouvrir la porte de vive force et faire procéder d'office à la livraison des fournitures requises.

Dans ce cas, il requiert deux témoins d'assister à l'ouverture et à la fermeture des locaux, ainsi qu'à l'enlèvement des objets ; il dresse un procès-verbal de ces opérations.

Art. 41. Le maire fait procéder, en sa présence ou en présence d'un délégué, à la remise aux parties prenantes des fournitures requises et s'en fait donner reçu.

Il tient registre des prestations fournies par chaque habitant, soit en vertu de la répartition par lui faite, soit en vertu de réquisitions directes, et mentionne les quantités fournies et les prix réclamés ; il délivre des reçus aux prestataires.

Les habitants qui sont l'objet de réquisitions directes portent à la mairie les reçus qu'ils ont obtenus de l'autorité militaire et les échangent contre des reçus de l'autorité municipale.

Il en est de même des certificats qui sont délivrés aux habitants pour constater l'accomplissement d'un service requis.

Art. 42. Si une personne requise d'un service personnel abandonne son poste, l'officier qui constate cet abandon prévient immédiatement le procureur de la République du domicile du délinquant, en lui faisant connaître le nom de ce dernier et son domicile.

Dans le cas prévu par le dernier paragraphe de l'article 21 de la loi du 3 juillet 1877, la plainte est adressée à l'autorité militaire compétente.

Art. 43. Dans les eaux maritimes, toute réquisition de l'autorité militaire relative à l'emploi temporaire de navires, bateaux ou embarcations de commerce, et de tout ou partie de leurs équipages, est adressée au représentant de la marine, s'il y en a un dans la localité; ce dernier est, dans ce cas, substitué au maire pour l'exécution de la réquisition.

Le personnel requis reste soumis aux appels pour le service de la flotte.

Les indemnités relatives à ces réquisitions sont réglées suivant les conditions prescrites par les articles 71 et 72 du présent décret.

Il est procédé, s'il y a lieu, à l'estimation préalable des objets requis. Cette estimation est faite par un expert que désigne le représentant de la marine.

TITRE V.

DU RÈGLEMENT DES INDEMNITÉS.

Art. 44. En cas de mobilisation totale, le Ministre de la guerre nomme une commission centrale qui est chargée de correspondre avec des commissions départementales d'évaluation, d'assurer l'uniformité et la régularité des liquidations et d'émettre son avis sur toutes les difficultés auxquelles peut donner lieu le règlement des indemnités (1).

Art. 45. Les commissions départementales d'évaluation sont composées de trois, cinq ou sept membres, selon l'importance des réquisitions à exercer.

Le Ministre de la guerre fixe ce nombre et peut déléguer au général commandant la région le soin de nommer les membres de ces commissions.

Art. 46. Le nombre des membres civils est de deux dans les commissions composées de trois personnes, de trois dans celles qui sont composées de cinq personnes, et de quatre dans celles de

---

(1) Voir l'instruction ministérielle du 10 mai 1894, relative a constitution des commissions visées à l'art. 44 ci-dessus.

sept membres. Les membres civils sont nommés sur la désignation du préfet.

L'arrêté qui nomme les commissions départementales désigne en même temps le président et le secrétaire, qui peuvent être choisis parmi les membres militaires ou parmi les membres civils.

Art. 47. La commission ne peut délibérer que s'il y a au moins trois membres présents dans les commissions composées de trois ou de cinq membres, et cinq dans celles qui sont composées de sept membres.

Les commissions d'évaluation peuvent s'adjoindre, avec voix consultative, des notables commerçants, pour l'établissement des tarifs ; elles peuvent aussi désigner des experts, pour l'estimation des dommages. Les frais d'expertise sont à la charge de l'administration.

Art. 48. Les commissions d'évaluation établissent, pour les différents objets susceptibles d'être réquisitionnés, des tarifs qui sont arrêtés par le Ministre de la guerre.

Art. 49. Au moyen du registre tenu en vertu de l'article 41 du présent décret, le maire, pour faire régler les indemnités qui peuvent être dues dans sa commune, dresse, suivant les objets fournis, et par service administratif, en double expédition, l'état nominatif (*modèles* A et A *bis*) (1) de tous les habitants qui ont fourni des prestations ; il indique sur cet état la nature et l'importance des prestations fournies, la date des réquisitions et les prix réclamés. Il y joint son avis. L'état nominatif ainsi dressé est envoyé à la commission d'évaluation, par l'intermédiaire du préfet.

Le maire y joint les ordres de réquisition et les reçus de l'autorité militaire, ainsi que les certificats d'exécution de service requis et les procès-verbaux de dégâts ou d'estimation, s'il y a lieu.

Les pièces justificatives sont récapitulées dans un bordereau dressé en double expédition, dont une est renvoyée à la commune à titre de récépissé, après avoir été visée par la commission.

Art. 50. La commission d'évaluation donne son avis sur les prix de chaque prestation et sur les différences qui peuvent se produire entre les quantités réclamées et celles qui résultent des reçus. Elle transmet son avis au fonctionnaire de l'intendance chargé par le Ministre de la guerre de fixer l'indemnité.

Art. 51. Dans les délais prévus par l'article 26 de la loi du 3 juillet 1877, le fonctionnaire de l'intendance notifie au maire, et celui-ci aux intéressés, le chiffre des indemnités allouées.

Le maire leur fait connaître en même temps qu'ils doivent adres-

---

(1) Pour le logement et le cantonnement, les modèles A *bis* et B sont remplacés par les modèles 2 et 2 *bis* déterminés par l'instruction du 23 novembre 1886.

ser à la mairie, dans un délai de quinze jours, leur acceptation ou leur refus.

Le fonctionnaire de l'intendance joint à sa notification les états mentionnés à l'article 49 du présent décret, revêtus de son visa.

Le maire inscrit sur ces états la date de la notification faite aux divers intéressés, y mentionne les réponses qu'il reçoit, et, à l'expiration du délai de quinze jours, arrête les états et en certifie l'exactitude.

Un de ces états reste à la mairie.

Art. 52. Le maire dresse ensuite en triple expédition et par service administratif un nouvel état (*modèle* B) (1) des allocations acceptées et de celles pour lesquelles les intéressés n'ont pas fait de réponse. Ces trois expéditions sont envoyées, avec l'original de l'état indiqué à l'article précédent, au fonctionnaire de l'intendance chargé du règlement des indemnités.

Art. 53. Lorsque le fonctionnaire de l'intendance a reçu l'état des allocations acceptées dans une commune, il doit, après vérification et dans un délai maximum de huit jours, délivrer le mandat de paiement dans les conditions prévues par l'article 27 de la loi sur les réquisitions.

Le mandat est délivré au nom du receveur municipal de la commune, et il est adressé à ce fonctionnaire avec une expédition de l'état nominatif mentionné à l'article précédent et visé par l'ordonnateur.

Art. 54. Quand le paiement est fait au comptant, le receveur municipal, aussitôt après avoir touché le mandat, effectue le paiement à chaque intéressé, qui émarge l'état nominatif.

Art. 55. Si, par application du dernier paragraphe de l'article 27 de la loi du 3 juillet 1877, le paiement a lieu en bons du Trésor, le receveur municipal encaisse le montant de ces bons à leur échéance, et il fait, de concert avec le maire, la répartition des intérêts au prorata des indemnités ; il porte cette répartition sur l'état nominatif et effectue les paiements comme il est indiqué à l'article précédent.

Art. 56. Les refus d'acceptation du chiffre de l'indemnité allouée, qui sont remis aux maires dans les conditions prévues par l'article 26 de la loi du 3 juillet 1877, sont transmis par ceux-ci aux juges de paix aussitôt après l'expiration du délai de quinzaine.

Les juges de paix appellent en conciliation le fonctionnaire de l'intendance désigné à l'article 50 du présent décret et les réclamants.

Les procès-verbaux de non-conciliation pour les réclamations supérieures à 1,500 francs sont remis directement aux intéressés.

---

(1) Pour le logement et le cantonnement, les modèles A *bis* et B sont remplacés par les modèles 2 et 2 *bis* déterminés par l'instruction du 23 novembre 1886.

TITRE VI.

DES RÉQUISITIONS RELATIVES AUX CHEMINS DE FER.

Art. 57. Lorsqu'il y a lieu, par application de l'art. 29 de la loi du 3 juillet 1877, de requérir la totalité des moyens de transport dont disposent une ou plusieurs compagnies de chemins de fer, cette réquisition est notifiée à chaque compagnie par un arrêté spécial du Ministre des travaux publics. Son retrait lui est notifié de la même manière.

Art. 58. En temps de guerre, les transports en deçà de la base d'opérations sont ordonnés par le Ministre de la guerre et sont exécutés par les compagnies sous la direction de la commission militaire supérieure des chemins de fer. Les transports au delà de la base d'opérations sont ordonnés par le général en chef et sont exécutés par les soins de la direction militaire des chemins de fer de campagne, à l'aide d'un personnel spécial organisé militairement et d'un matériel fourni par les compagnies.

Art. 59. En cas de réquisition totale, le prix des transports militaires effectués en deçà de la base d'opérations sera payé conformément aux stipulations du cahier des charges; s'il n'existe aucune stipulation à ce sujet, le prix est fixé à la moitié du tarif normal.

La réquisition totale donne, soit au Ministre de la guerre et à la commission militaire supérieure des chemins de fer, soit au général en chef et à la direction militaire des chemins de fer de campagne, le droit d'utiliser pour les besoins de l'armée les dépendances des gares et de la voie et les fils télégraphiques des compagnies, sans que cet emploi puisse donner lieu à aucune indemnité nouvelle.

Art. 60. Les dépendances des gares et de la voie ne peuvent être réquisitionnées, en deçà de la base d'opérations, que par le Ministre de la guerre, sur l'avis de la commission militaire supérieure des chemins de fer, et, au delà de la base d'opérations, que par le général en chef, sur l'avis de la direction militaire des chemins de fer de campagne.

Art. 61. Au delà de la base d'opérations, il n'est dû aux compagnies, pour les transports effectués sur leurs réseaux, que la taxe de péage fixée conformément au cahier des charges qui régit chacune d'elles.

Art. 62. L'emploi des machines, voitures et wagons provenant des compagnies dont la direction militaire des chemins de fer de campagne peut avoir besoin, donne lieu à une indemnité de location réglée conformément à un tarif qui sera établi par un décret rendu en Conseil d'Etat.

Art. 63. Le matériel affecté au service de la direction militaire des chemins de fer de campagne sera préalablement inventorié. L'estimation portée à l'inventaire servira de base à l'indemnité à allouer en cas de perte, de destruction ou d'avarie.

Art. 64. En cas de réquisition de combustibles, matières grasses et autres objets, par application de l'article 30 de la loi du 3 juillet 1877, les prix à percevoir par chaque compagnie appelée à fournir ces objets se composent : 1° du prix d'achat de ces matières ; 2° des frais de transport sur des voies étrangères à la compagnie qui les a fournies ; 3° des frais de transport sur le réseau exploité par ladite compagnie, calculés sur le pied de trois centimes par tonne et par kilomètre.

TITRE VII.

DES RÉQUISITIONS DE L'AUTORITÉ MARITIME.

Art. 65. L'autorité maritime peut exercer des réquisitions, en cas de mobilisation totale ou partielle, comme l'autorité militaire.

En cas de mobilisation partielle, des arrêtés du Ministre de la marine déterminent l'époque où pourra commencer et celle où devra se terminer l'exercice du droit de réquisition.

Art. 66. Les vice-amiraux commandant en chef, préfets maritimes, peuvent seuls exercer de plein droit des réquisitions.

Ils peuvent déléguer le droit de requérir aux officiers des corps de la marine investis d'un commandement ou aux officiers du commissariat de la marine.

Les réquisitions de l'autorité maritime, comme celles de l'autorité militaire, sont extraites d'un carnet à souche.

Art. 67. Exceptionnellement, tout officier de marine commandant une force navale, un bâtiment isolé ou un détachement à terre peut, même sans être porteur d'un carnet de réquisition, requérir, sous sa responsabilité personnelle, les prestations nécessaires aux navires et aux hommes qu'il commande.

Art. 68. Les réquisitions de l'autorité maritime qui portent sur les objets énumérés dans l'article 5 de la loi du 3 juillet 1877 sont adressées aux maires, comme les réquisitions de l'autorité militaire.

Les réquisitions de navires, embarcations, matériel naval et équipages de ces bâtiments sont adressées au représentant de la marine, qui, en cette circonstance, a les mêmes droits et les mêmes devoirs que le maire.

Lorsqu'il n'y a pas de représentant de la marine, les réquisitions mentionnées au paragraphe précédent sont adressées directement au capitaine du navire.

Art. 69. Les réquisitions de l'autorité maritime sont ordonnées et exécutées suivant les règles établies par les articles composant les titres II, III et IV du présent décret.

Art. 70. Lorsque des troupes de l'armée de terre prennent part à une opération maritime dirigée par un officier de marine, les réquisitions relatives à ces troupes sont ordonnées au nom et pour le compte de l'autorité maritime.

Lorsque des marins ou des troupes de l'armée de mer sont employés à terre à des opérations de l'armée de terre, les réquisitions relatives à ces troupes sont exercées au nom et pour le compte de l'autorité militaire.

Art. 71. Dans les arrondissements et sous-arrondissements maritimes où il est exercé, soit des réquisitions de l'autorité maritime, soit des réquisitions de l'autorité militaire relatives à des navires, embarcations et à leurs équipages, il est créé une commission mixte d'évaluation composée de trois, cinq ou sept membres, selon l'importance des réquisitions.

Le Ministre de la marine fixe ce nombre et peut déléguer au préfet maritime le soin de nommer les membres de ces commissions.

Les articles 46 et 47 du présent décret sont applicables auxdites commissions.

Art. 72. Toutes les fois qu'il y a lieu d'évaluer les indemnités qui peuvent être dues pour des réquisitions exercées par l'autorité militaire par application de l'article 23 de la loi du 3 juillet 1877, cette évaluation est faite par la commission indiquée dans l'article précédent, complétée par l'adjonction d'un fonctionnaire de l'intendance nommé par le Ministre de la guerre, ou, sur sa délégation, par le commandant de région.

En cas de partage, la voix du président est prépondérante.

Art. 73. Le règlement et la liquidation des indemnités relatives aux réquisitions de l'autorité maritime, s'effectuent suivant les règles établies pour les réquisitions de l'autorité militaire, sans préjudice des conventions conclues entre l'Etat et les compagnies propriétaires de navires.

TITRE VIII.

DISPOSITIONS RELATIVES AUX CHEVAUX, MULETS ET VOITURES NÉCESSAIRES A LA MOBILISATION.

SECTION Ire.

DU RECENSEMENT.

Art. 74. Tous les ans, au commencement de décembre, le maire fait publier un avertissement adressé à tous les propriétaires de chevaux ou mulets, qui se trouvent dans la commune, pour les informer qu'ils doivent se présenter à la mairie avant le 1er janvier, et faire la déclaration de tous les chevaux, juments, mulets ou mules qui sont en leur possession, en indiquant l'âge de ces animaux.

Art. 75. Du 1er au 15 janvier de chaque année, le maire dresse la liste de recensement des chevaux, juments, mulets et mules, prescrite par l'article 37 de la loi sur les réquisitions militaires.

Là liste mentionne tous les animaux déclarés, avec leur signalement, le nom et le domicile de leurs propriétaires, sauf les exceptions ci-après :

1o Les chevaux et juments qui n'ont pas atteint l'âge de cinq ans au 1er janvier ;

2o Les mulets et mules qui n'ont pas atteint l'âge de trois ans au 1er janvier ;

3o Les chevaux, juments, mules ou mulets qui sont reconnus être déjà inscrits dans une autre commune ;

4o Les animaux qui sont reconnus avoir déjà été réformés par une commission de classement, en raison de tares, de mauvaise conformation ou d'autres motifs qui les rendent impropres au service de l'armée ;

5o Les chevaux, juments, mulets et mules qui sont reconnus avoir été refusés conditionnellement par une commission de classement, pour défaut de taille, à moins que les conditions de taille n'aient été modifiées depuis ce refus ;

6o Les animaux appartenant aux agents diplomatiques des puissances étrangères ;

Art. 76. Dans les premiers jours de janvier, le maire fait exécuter des tournées par les gardes champêtres et les agents de police, pour s'assurer que tous les chevaux, juments, mulets et mules ont été exactement déclarés.

Lorsqu'il est reconnu que des animaux n'ont pas été déclarés, le maire doit les porter d'office sur la liste de recensement, sans rechercher s'ils ont été réformés ou refusés.

Art. 77. Le maire délivre au propriétaire qui a fait la déclaration prescrite par l'article 74 ci-dessus, un certificat constatant ladite déclaration et mentionnant les chevaux et mulets inscrits.

Si le propriétaire a plusieurs résidences, il doit présenter le certificat indiqué dans le paragraphe précédent au maire des communes où il ne fait pas inscrire ses chevaux ou mulets.

Art. 78. Tous les trois ans, le maire fait la liste de recensement des voitures attelées, dans les conditions et aux époques de l'année indiquées pour le recensement des chevaux et mulets.

Le Ministre de la guerre avertit les préfets deux mois avant le 1er janvier de l'année où doit se faire ce recensement.

Le préfet avertit le maire au moins six semaines avant le commencement de cette même année.

Art. 79. Sont portées sur la liste de recensement indiquée à l'article précédent toutes les voitures non suspendues, suspendues, mixtes ou autres, qui ne sont pas exclusivement affectées au transport des personnes, pourvu que le propriétaire de ces voitures puisse les atteler, dans les conditions que comporte leur forme ou leur poids, d'un cheval ou mulet, ou de deux chevaux ou mulets classés ou susceptibles d'être classés.

Art. 80. Si un propriétaire possède plusieurs voitures et s'il ne peut fournir qu'un seul attelage, le maire porte sur la liste de recensement celle de ces voitures qui lui paraît le plus propre au service de l'armée.

Si le propriétaire peut fournir plusieurs attelages, il est porté sur la liste de recensement autant de voitures qu'il peut en atteler à la fois.

Dans ce cas, le maire veille à ce que, pour chacune des voitures recensées, il soit inscrit, suivant sa forme et son poids, un ou plusieurs animaux capables d'un bon service et inscrits sur la liste de recensement des chevaux, juments, mulets ou mules.

Art. 81. L'état de recensement des voitures attelées contient le signalement des voitures et des animaux, ainsi que l'inscription de ces derniers sur l'état de recensement s'ils n'ont pas encore été classés, ou leur numéro de classement s'ils figurent sur le dernier état de classement de la commune.

SECTION II.

DU CLASSEMENT.

§ 1er. — *Chevaux et mulets.*

Art. 82. A moins qu'il n'en soit autrement ordonné par le Ministre de la guerre, les commissions mixtes créées en vertu de l'article 38 de la loi sur les réquisitions militaires procèdent annuellement à l'examen et au classement des chevaux, juments, mulets et mules susceptibles d'être réquisitionnés pour le service de l'armée.

Art. 83. Ces commissions de classement peuvent seules rayer de la liste de recensement les animaux compris dans les cas d'exemption prévus par les articles 40 et 42 de la loi sur les réquisitions militaires, ainsi que ceux qui leur paraissent incapables d'un service dans l'armée.

Elles doivent inscrire et classer d'office tout cheval ou mulet qui leur paraîtrait avoir été omis à tort sur la liste de recensement.

Art. 84. Les commissions de classement dressent, par commune, un tableau des chevaux, juments, mules ou mulets susceptibles d'être requis; ce tableau est divisé par catégories correspondant aux catégories fixées par le Ministre de la guerre.

Le tableau de classement est dressé en double expédition, toutes deux signées par la commission et le maire de la commune ou son suppléant.

Une des expéditions reste déposée à la mairie de chaque commune et l'autre est envoyée par le président de la commission mixte au bureau de recrutement.

Les commissions de classement réforment définitivement les animaux impropres au service de l'armée et refusent conditionnellement ceux qui n'atteignent pas le minimum de la taille fixé par les instructions, ou qui ne paraissent pas momentanément susceptibles d'être requis.

Mention de ces décisions est faite sur la liste de recensement avec le signalement exact des animaux réformés ou refusés conditionnellement, et la liste de recensement est arrêtée et signée par le président de la commission de classement avant d'être rendue au maire.

Art. 85. Lorsqu'un cheval ou mulet est réformé comme impropre au service de l'armée, le maire remet au propriétaire, s'il le demande, un certificat constatant la décision de la commission. Le certificat doit contenir le signalement exact et détaillé de l'animal réformé, tel qu'il est inscrit sur la liste de recensement.

Le certificat de réforme ainsi obtenu est présenté au classement suivant à la mairie du lieu où se trouve le cheval, avec une attestation par écrit de deux propriétaires ou patentables voisins, ou d'un vétérinaire, constatant que le cheval ou mulet réformé n'a pas été changé.

Art. 86. Les chevaux ou mulets qui, au moment des opérations de la commission de classement, se trouvent dans une autre commune que celle où ils sont inscrits, peuvent être présentés à la commission du lieu où ils se trouvent.

Il est délivré au propriétaire desdits chevaux ou mulets un certificat constatant la décision de la commission.

Le propriétaire est tenu de faire parvenir ce certificat, en temps utile, à la commission du lieu de l'inscription de ses chevaux ou mulets.

§ 2. — *Voitures attelées.*

Art. 87. Dans l'année du recensement des voitures attelées, les commissions chargées du classement des chevaux et mulets procèdent également au classement des voitures attelées.

Sont seules classées les voitures propres à un des services de l'armée et attelées, suivant leur forme et leur poids, d'un ou plusieurs chevaux, juments, mules ou mulets capables d'un bon service et portés sur le tableau de classement des chevaux et mulets de la commune.

Art. 88. Lorsque la commission a reconnu les voitures attelées susceptibles d'être classées, elle procède en séance publique, avec l'assistance du maire ou de son suppléant, à un tirage au sort entre lesdites voitures, par chaque commune.

Il est dressé de cette opération, et en double expédition, un procès-verbal sur lequel sont mentionnés, dans l'ordre du tirage, les voitures attelées, avec le nom des propriétaires, le signalement des chevaux et voitures et l'état des harnais.

Une des expéditions reste déposée à la mairie et l'autre est envoyée au bureau de recrutement.

Art. 89. Le procès-verbal dressé en exécution de l'article précédent mentionne en outre la catégorie dans laquelle figurent les chevaux ou mulets faisant partie des attelages classés, ainsi que le numéro d'ordre qui leur est attribué sur le tableau de classement.

Mention est faite également sur ce tableau de ceux d'entre eux qui font partie d'attelages classés.

SECTION III.

DU MODE DE RÉQUISITION SPÉCIAL DES CHEVAUX ET VOITURES CLASSÉS.

Art. 90. En cas de mobilisation, la réquisition des voitures attelées et des chevaux, juments, mulets et mules classés, est effectuée par les commissions mixtes.

Le Ministre de la guerre détermine la composition de ces commissions, dont les membres sont nommés par les commandants de région.

Les préfets désignent, chaque année, dans les localités où pourrait s'opérer la réquisition, le nombre de membres civils nécessaire pour compléter les commissions.

Art. 91. Les commissions mixtes de réquisition siègent en des lieux choisis et désignés à l'avance, qui forment le centre des circonscriptions de réquisition établies également à l'avance par l'autorité militaire.

Les chevaux, mulets et voitures attelées devant être appelés par canton à ces centres de circonscription de réquisition, l'autorité militaire peut nommer plusieurs commissions destinées à opérer simultanément, de manière que les opérations relatives à un canton soient, autant que possible, terminées dans une journée.

Art. 92. L'ordre de rassemblement des voitures attelées et des chevaux, juments, mules et mulets, en cas de mobilisation, est porté à la connaissance des communes et des propriétaires par voie d'affiches indiquant la date, l'heure et le lieu de la réunion.

Les maires prennent toutes les mesures qui sont en leur pouvoir pour que tous les propriétaires soient avertis et obéissent en temps utile aux prescriptions de l'autorité militaire.

Art. 93. Doivent être conduits aux lieux indiqués pour la réquisition des chevaux :

1º Tous les animaux portés sur le tableau de classement des communes appelées ;

2º Les animaux qui, pour un motif quelconque, ne figurent pas sur le tableau de classement, bien qu'ils aient l'âge légal, à l'exception de ceux qui se trouvent encore dans les cas d'exemption prévus par l'article 40 de la loi sur les réquisitions, de ceux qui ont été réformés, ou de ceux qui ont été refusés conditionnellement pour défaut de taille, si les conditions de taille ne sont pas modifiées au moment de la mobilisation ;

3º Les animaux recensés ou classés dans d'autres communes, et qui se trouvent dans la circonscription au moment de la mobilisation ;

4º Les voitures attelées.

Doivent également se rendre aux lieux de rassemblement tous les propriétaires qui ont à faire constater des mutations ou à présenter des excuses. Ils doivent, à moins d'impossibilité absolue, faire conduire les animaux pour lesquels ils ont des réclamations à faire.

Art. 94. Les commissions de réquisition reçoivent de l'autorité militaire tous les documents qui leur sont nécessaires, et notamment les tableaux de classement des animaux et les procès-verbaux de tirage des voitures attelées, adressés après le dernier classement aux bureaux de recutement.

Les maires ou leurs suppléants se rendent à la convocation et remettent à la commission de réquisition les tableaux de classement laissés entre leurs mains.

Ils assistent aux opérations de la commission et lui fournissent tous les renseignements de nature à l'éclairer.

Art. 95. Les commissions de réquisition ajoutent aux tableaux de classement les animaux désignés aux paragraphes 3 et 4 de l'article 93 du présent décret, et reconnus propres au service de l'armée ; elles en rayent : 1º les animaux morts ou disparus ; 2º ceux qui, depuis le dernier classement, se trouvent dans un des cas d'exemption prévus par l'article 40 de la loi des réquisitions ; 3º ceux qui, après nouvel examen, sont reconnus impropres au service de l'armée.

Les tableaux des voitures attelées sont également l'objet d'une revision.

Art. 96. Les commissions de réquisition statuent définitivement sur toutes les réclamations ou excuses qui peuvent être présentées par des propriétaires de chevaux, juments, mulets, mules ou voitures attelées.

Lorsque des animaux classés dans une commune d'une autre circonscription de réquisition sont présentés à une commission mixte en exécution de l'article 93 ci-dessus, cette dernière commission informe immédiatement de sa décision la commission du lieu de l'inscription primitive.

Art. 97. Les rectifications terminées, les commissions de réquisition réunissent par canton les voitures attelées et les chevaux et mulets de chaque catégorie; elles procèdent d'abord à la réquisition des voitures attelées, en faisant, s'il y a lieu, un tirage au sort entre les communes et en suivant dans chaque commune l'ordre du tirage au sort effectué lors du dernier classement.

Les voitures non requises sont immédiatement dételées et les chevaux, juments, mulets ou mules qui les attelaient sont replacés dans la catégorie d'animaux à laquelle ils appartiennent, à moins qu'ils n'aient été reconnus impropres au service de l'armée.

Art. 98. Après la réquisition des voitures attelées, les commissions de réquisition procèdent à la réquisition des animaux des différentes catégories, jusqu'à concurrence du chiffre du contingent cantonal fixé par l'autorité militaire.

Lorsque le nombre des animaux à requérir dans une catégorie est inférieur au nombre d'animaux classés sur tout le canton, il est procédé à un tirage au sort en présence des maires ou de leurs suppléants.

Art. 99. Il est remis à chaque propriétaire ou à son représentant, contre la livraison de l'animal requis, un bulletin individuel indiquant le nom du propriétaire, le numéro de classement de l'animal et le prix à payer suivant la catégorie.

Art. 100. Les commissions de réquisition dressent :

1º Pour les voitures attelées qui sont requises, un procès-verbal mentionnant les noms des propriétaires et leur domicile, et l'estimation des voitures et harnais d'après les prix courants du pays, conformément aux dispositions de l'article 48 de la loi du 3 juillet 1877;

2º Pour les animaux requis, un procès-verbal mentionnant les noms des propriétaires, leur domicile et le prix attribué aux animaux selon la catégorie à laquelle ils appartiennent.

Avant de se séparer, les commissions de réquisition établissent, par commune, un extrait de ces deux procès-verbaux, qui est adressé, avec la signature du président de la commission, au maire de la commune intéressée.

Les voitures attelées requises sont indiquées sur les procès-verbaux de tirage, et les animaux requis sont également indiqués sur les tableaux de classement, avant que ces pièces soient restituées aux bureaux de recrutement et aux mairies.

Les chevaux et mulets composant les attelages des voitures requises sont portés individuellement sur le procès-verbal de réquisition des chevaux et mulets, et défalqués du contingent à fournir.

Art. 101. Les commissions de réquisition statuent ensuite sur les substitutions qui leur sont proposées, dans les conditions prévues à l'article 47 de la loi sur les réquisitions.

Art. 102. Après les opérations de réquisition, le maire dresse en double expédition un état de paiement pour les animaux requis. Cet état, conforme au modèle C, comprend tous les renseignements contenus au procès-verbal de réquisition, et réserve une colonne pour l'émargement des intéressés.

Les deux expéditions, ainsi que le procès-verbal de réquisition, sont adressés à l'intendance militaire, qui en donne récépissé aux communes.

Il est dressé deux états semblables, conformes au modèle D, pour les voitures attelées requises.

Art. 103. Les intéressés sont payés par le receveur municipal contre la remise des bulletins mentionnés à l'article 99 du présent décret.

A cet effet, des mandats des sommes dues pour chaque commune sont dressés, dans un délai qui ne peut dépasser dix jours, par le fonctionnaire de l'intendance, au nom des receveurs municipaux.

Ces mandats leur sont envoyés par l'intermédiaire des trésoriers-payeurs généraux, avec un des états nominatifs d'émargement visé par l'intendance ; ils sont payés immédiatement.

Art. 104. Aussitôt après avoir perçu le montant du mandat, le receveur municipal fait le paiement aux divers intéressés, sur simple émargement de ces derniers.

TITRE IX.

DISPOSITIONS SPÉCIALES AUX GRANDES MANŒUVRES.

Art. 105. L'époque où peuvent avoir lieu les grandes manœuvres des corps d'armée ou fractions de corps d'armée est déterminée chaque année par le Ministre de la guerre.

Art. 106. Trois semaines au moins avant l'exécution des manœuvres, les généraux commandant les régions avertissent les préfets des départements intéressés de l'époque et de la durée des manœuvres, et leur font connaître les localités qui pourront être occupées ou traversées.

Les préfets désignent un membre civil pour faire partie de la commission chargée de régler les indemnités.

Art. 107. Le maire de la commune dont le territoire peut être occupé ou traversé pendant les grandes manœuvres en est informé par le préfet.

Il fait immédiatement publier et afficher dans sa commune l'époque et la durée des manœuvres.

Il invite les propriétaires de vignes ou de terrains ensemencés ou non récoltés à les indiquer par un signe apparent.

Il prévient les habitants que ceux qui subiraient des dommages par suite de manœuvres doivent, sous peine de déchéance, déposer leurs réclamations à la mairie dans les trois jours qui suivent le passage ou le départ des troupes.

Art. 108. Quinze jours au moins avant le commencement des manœuvres, les généraux commandant les régions nomment les commissions de règlement des indemnités.

Ces commissions sont composées, par chaque corps d'armée opérant isolément, d'un fonctionnaire de l'intendance, président, d'un officier du génie, d'un officier de gendarmerie et du membre civil désigné par le préfet.

Art. 109. La commission peut reconnaître à l'avance les terrains qui doivent être occupés ; elle accompagne les troupes et suit leurs opérations.

Au fur et à mesure de l'exécution des manœuvres, elle se rend successivement dans les localités qui ont été traversées ou occupées en prévenant à l'avance les maires du moment de son passage.

Les maires préviennent les intéressés et remettent à la commission un état individuel mentionnant la date de la réclamation, la nature du dommage et la somme réclamée.

Art. 110. La commission, après avoir entendu les observations des maires et des réclamants, fixe le chiffre des indemnités à allouer et en dresse l'état.

Si les intéressés présents acceptent cette fixation, ils reçoivent immédiatement le montant de l'indemnité sur leur émargement.

A cet effet, la commission est accompagnée d'un adjoint du génie ou d'un officier comptable d'un des services administratifs, muni d'une avance de fonds.

Art. 111. Si l'allocation n'est pas acceptée séance tenante, la commission insère dans son procès-verbal les renseignements nécessaires pour apprécier la nature et l'étendue du dommage.

Un extrait du procès-verbal est, en cas de contestation, remis au juge de paix ou au tribunal chargé de statuer sur les réclamations.

Art. 112. L'état des indemnités qui n'ont pas été acceptées séance tenante est remis au maire de la commune qui, par une notification administrative, met immédiatement les propriétaires en demeure de les accepter ou de les refuser dans un délai de quinze jours.

Les refus, déposés par écrit et motivés, sont annexés au procès-verbal.

Art. 113. A l'expiration du délai de quinze jours, le maire consigne sur l'état qui lui a été remis par la commission les réponses qu'il a reçues et les transmet ensuite au fonctionnaire de l'intendance militaire, président de la commission, qui assure le paiement des indemnités qui n'ont pas été refusées.

Art. 114. Les règlements antérieurs sont abrogés en ce qu'ils ont de contraire au présent décret.

Art. 115. Les Ministres de la guerre et de la marine et des colonies sont chargés, chacun en ce qui le concerne, de l'exécution du présent décret, qui sera publié au *Bulletin des lois*.

Fait à Paris, le 2 août 1877.

Signé : M^{al} DE MAC-MAHON, duc DE MAGENTA.

Par le Président de la République :

Le Ministre de la marine et des colonies,
Signé : GICQUEL DES TOUCHES,

Le Ministre de la guerre,
Signé : Gal A. BERTHAUT.

DÉPARTEMENT
d

—

COMMUNE

d

MODÈLE A.

————

Le présent modèle est
employé pour les animaux,
denrées, matières et objets
de toute nature que l'au-
torité militaire a requis à
titre définitif et qu'elle a
conservés.

(1) Indiquer ici le ser-
vice administratif duquel
dépendent les prestations
fournies.

SERVICE D(1)

————

*ÉTAT NOMINATIF des habitants de la commune d
qui ont droit au paiement de prestations fournies par suite de réquisitions.*

————

NOTA. — Les services administratifs du ministère de la guerre sont les suivants :

1° *Vivres.* — Ce service comprend le blé, la farine, le pain, la viande abattue ou sur pied, le vin, l'eau-de-vie, etc., etc., en un mot les denrées et liquides destinés à l'alimentation des hommes, les sacs et autres récipients qui les contiennent, les ustensiles d'exploitation du service, ainsi que la nourriture de la troupe chez l'habitant.

Le prix est fixé par cent kilogrammes pour les denrées et la viande, par hectolitre pour les liquides, par unité pour les récipients et objets mobiliers, par demi-journée correspondant à un repas pour la nourriture chez l'habitant.

2° *Chauffage et éclairage.* — Ce service comprend le bois, le charbon de terre, les fagots, l'huile, la chandelle et les ustensiles d'éclairage.

Le prix est fixé par cent kilogrammes pour toutes les matières combustibles, et par unité pour les appareils d'éclairage.

3° *Fourrages.* — Ce service comprend le foin, la paille, l'avoine et autres denrées destinées à l'alimentation des chevaux et des bestiaux, ainsi que les objets mobiliers nécessaires à l'exploitation du service.

Le prix est fixé par cent kilogrammes pour les denrées, et par unité pour les objets mobiliers.

4° *Hôpitaux.* — Ce service comprend la fourniture des médicaments et objets de pansement, le traitement des malades et blessés, les visites de médecin.

Le prix est fixé, suivant la nature des médicaments et objets de pansement, par kilogramme, par mètre ou par unité ; par journée, pour le traitement des malades ; par unité, pour les visites de médecin.

5° *Habillement et campement.* — Ces services comprennent les étoffes, effets et objets nécessaires pour l'habillement et le campement des troupes.

Le prix est fixé, suivant la nature des fournitures faites, par mètre ou par unité.

6° *Lits militaires.* — Ce service comprend les objets de couchage pour les troupes, le logement chez l'habitant avec lits, le cantonnement.

Le prix des objets de couchage est fixé par unité, s'ils sont achetés, et par nuit, s'ils sont occupés temporairement ; le prix du logement et du cantonnement est fixé par nuit et par homme.

7° *Transports.* — Ce service comprend les voitures à un ou plusieurs colliers, les chevaux de renfort requis provisoirement et les embarcations.

Le prix est fixé par unité, s'il s'agit d'une prise de possession définitive. Quand il s'agit d'un usage temporaire, le prix est fixé par journée.

8° *Remonte générale.* — Ce service comprend l'achat des chevaux et mulets.

Le prix est fixé par unité.

9° *Harnachement.* — Ce service comprend les harnais et objets de sellerie pour les chevaux de l'armée, ainsi que la ferrure.

Le prix est fixé par unité.

10° *Artillerie.* — Ce service comprend les matières et objets requis pour le service spécial de cette arme.

Le prix est fixé par kilogramme ou par unité, suivant la nature du matériel requis.

11° *Génie.* — Ce service comprend les outils et matériaux requis pour les travaux à effectuer dans l'intérêt de l'armée et le salaire des ouvriers requis.

Le prix des outils est fixé par unité, s'il s'agit d'une prise de possession définitive, et par journée, s'il s'agit d'une usage temporaire ; le prix des matériaux est fixé au poids ou au mètre cube, suivant leur nature ; le prix des journées de travail est fixé par unité.

(1) Le maire ne doit remplir que la première partie de l'état (colonnes de 1 à 16).
(2) Indiquer la nature de la prestation fournie.
(3) Indiquer l'unité (100 kilogrammes, kilogramme, hectolitre, demi-journée de nourriture, etc., etc.) qui sert de base au décompte.

(4) Indiquer, en toutes lettres, les totaux de chacune des prestations fournies (col. 3, 5, 7, 9, 11, 13).
(5) Indiquer en toutes lettres, le total des sommes réclamées (col. 16).
(6) Le maire inscrira dans cette colonne, suivant le cas, l'une des trois mentions suivantes : *accepte, refuse, n'a pas répondu.*

(1) DÉCOMPTE DES INDEMNITÉS RÉCLAMÉES PAR LES HABITANTS.

NOMS ET PRÉNOMS.	DATES des RÉQUISITIONS.	(2) FARINE. Nombre ou quantité. (3) 100 kil.	Prix.	(2) NOURRITURE chez l'habitant. Nombre ou quantité. (3) 1/2 journée.	Prix.	(2) Nombre ou quantité (3).	Prix.	(2) Nombre ou quantité (3).	Prix.	(2) Nombre ou quantité (3).	Prix.	(2) Nombre ou quantité (3).	Prix.
1	2	3	4	5	6	7	8	9	10	11	12	13	14
			fr. c.		f. c.		f. c.		f. c.		f. c.		f. c.
Collin (Jean)....	15 sept. 1877.	508x80k	35 00	»	» »								
Idem.	23 sept. 1877.	»	»	16	0 75								
TOTAL ÉGAL à celui des bons de fournitures et des certificats du service exécuté, qui sont ci-annexés		.....											

DÉCISIONS DE L'AUTORITÉ MILITAIRE FIXANT LES INDEMNITÉS ALLOUÉES.

NOMS ET PRÉNOMS.	DÉCOMPTE des indemnités afférentes à chaque réquisition	MONTANT des indemnités réclamées par chaque habitant.	Prix (col. 4).	Prix (col. 6).	Prix (col. 8).	Prix (col. 10).	Prix (col. 12).	Prix (col. 14).	DÉCOMPTE des indemnités allouées pour chaque réquisition.	MONTANT des indemnités allouées à chaque habitant.	DATES des NOTIFICATIONS.	RÉPONSES (6) des HABITANTS intéressés.
	15	16	17	18	19	20	21	22	23	24	25	26
	fr. c.	fr. c.	fr. c.	f. c.	f. c.	f. c.	f. c.	f. c.	fr. c.	fr. c.		
Collin (Jean)....	19.908 00	19.920 00	34 00	» »					19.339 20	19.347 20	25 oct. 1877.	Accepte.
Idem.	12 00		» »	0 50					8 00		Idem.	Idem.
TOTAL des sommes réclamées...									TOTAL des indemnités allouées....			

Le présent état, appuyé de .... bons de fournitures ou certificats constatant l'exécution du service requis, et de .... réquisitions et de .... procès-verbaux, est certifié par nous, maire de la commune d .... , aux quantités de (4) .... et à la somme de (5) ....

A .... , le .... 189 .

Le présent état est arrêté par l'autorité militaire à la somme d ....

A .... , le .... 189 .

Le Sous-Intendant militaire,

A .... , le .... 189 .

Le Maire,

DÉPARTEMENT

d

—

COMMUNE

d

(1) Indiquer ici le service administratif auquel se rapporte la prestation fournie.

MODÈLE A *bis.*

SERVICE D(1)

Le présent modèle est employé pour les animaux, matières et objets de toute nature qui n'ont été requis par l'autorité militaire que pour un usage temporaire ou à titre de location, pour le traitement des malades, pour le logement et le cantonnement.

ÉTAT NOMINATIF des habitants de la commune d
qui ont droit au paiement des prestations fournies à l'autorité militaire,
par suite de réquisitions.

NOTA. — Les services administratifs du département de la guerre sont les suivants :

1° *Vivres.* — Ce service comprend le blé, la farine, le pain, la viande abattue ou sur pied, le vin, l'eau-de-vie, etc., etc., en un mot les denrées et liquides destinés à l'alimentation des hommes, les sacs et autres récipients qui les contiennent, les ustensiles d'exploitation du service, ainsi que la nourriture de la troupe chez l'habitant.

Le prix est fixé par cent kilogrammes pour les denrées et la viande, par hectolitre pour les liquides, par unité pour les récipients et objets mobiliers, par demi-journée correspondant à un repas, pour la nourriture chez l'habitant.

2° *Chauffage et éclairage.* — Ce service comprend le bois, le charbon de terre, les fagots, l'huile, la chandelle et les ustensiles d'éclairage.

Le prix est fixé par cent kilogrammes pour toutes les matières combustibles, et par unité pour les appareils d'éclairage.

3° *Fourrages.* — Ce service comprend le foin, la paille, l'avoine et autres denrées destinées à l'alimentation des chevaux et des bestiaux, ainsi que les objets mobiliers nécessaires à l'exploitation du service.

Le prix est fixé par cent kilogrammes pour les denrées, et par unité pour les objets mobiliers.

4° *Hôpitaux.* — Ce service comprend la fourniture des médicaments et objets de pansement, le traitement des malades et blessés, les visites de médecin.

Le prix est fixé, suivant la nature des médicaments et objets de pansement, par kilogramme, par mètre ou par unité ; par journée, pour le traitement des malades, par unité, pour les visites de médecin.

5° *Habillement et campement.* — Ces services comprennent les étoffes, effets et objets nécessaires pour l'habillement et le campement des troupes.

Le prix est fixé, suivant la nature des fournitures faites, par mètre ou par unité.

6° *Lits militaires.* — Ce service comprend les objets de couchage pour les troupes, le logement chez l'habitant avec lits et le cantonnement.

Le prix des objets de couchage est fixé par unité, s'ils sont achetés, et par nuit, s'ils sont occupés temporairement ; le prix du logement et du cantonnement est fixé par nuit et par homme.

7° *Transports.* — Ce service comprend les voitures à un ou plusieurs colliers, les chevaux de renfort requis provisoirement et les embarcations.

Le prix est fixé par unité, s'il s'agit d'une prise de possession définitive. Quand il s'agit d'un usage temporaire, le prix est fixé par journée.

8° *Remonte générale.* — Ce service comprend l'achat des chevaux et mulets.

Le prix est fixé par unité.

9° *Harnachement.* — Ce service comprend les harnais et objets de sellerie pour les chevaux de l'armée, ainsi que la ferrure.

Le prix est fixé par unité.

10° *Artillerie.* — Ce service comprend les matières et objets requis pour le service spécial de cette arme.

Le prix est fixé par kilogramme ou par unité, suivant la nature du matériel requis.

11° *Génie.* — Ce service comprend les outils et matériaux requis pour les travaux à effectuer dans l'intérêt de l'armée et le salaire des ouvriers requis.

Le prix des outils est fixé par unité, s'il s'agit d'une prise de possession définitive, et par journée, s'il s'agit d'un usage temporaire ; le prix des matériaux est fixé au poids ou au mètre cube, suivant leur nature ; le prix des journées de travail est fixé par unité.

(1) Le maire ne remplit que la 1re partie de l'état (colonnes de 1 à 13).
(2) Indiquer la nature de la prestation fournie.
(3) Indiquer en toutes lettres les totaux des prestations fournies (col. 6, 9, 12).

(4) Indiquer en toutes lettres le total des sommes réclamées (col. 15).
(5) Le maire inscrira dans cette colonne, suivant le cas, l'une des trois mentions suivantes : accepte, refuse, n'a pas répondu.

NOMS ET PRÉNOMS.	DATES des RÉQUISITIONS.	DURÉE DE LA RÉQUISITION du	au (inclus)	(1) DÉCOMPTE DES INDEMNITÉS RÉCLAMÉES — (2) VOITURES à un collier. Nombre.	Nombre de journées.	Prix par journée.	(2) VOITURES à deux colliers. Nombre.	Nombre de journées.	Prix par journée.	(2) Nombre.	Nombre de journées.	Prix par journée.	PAR LES HABITANTS. DÉCOMPTE des indemnités afférentes à chaque réquisition.	MONTANT des indemnités réclamées par chaque habitant.	DÉCISIONS DE L'AUTORITÉ MILITAIRE FIXANT LES INDEMNITÉS ALLOUÉES. Prix par journée (col. 7).	Prix par journée (col. 10).	Prix par journée (col. 13).	DÉCOMPTE des indemnités allouées pour chaque réquisition.	MONTANT des indemnités allouées à chaque habitant.	DATES des NOTIFICATIONS.	(5) RÉPONSES des HABITANTS INTÉRESSÉS.
1	2	3	4	5	6	7	8	9	10	11	12	13	14	15	16	17	18	19	20	21	22
						fr. c.			fr. c.				fr. c.	fr. c.	fr. c.	fr. c.		fr. c.	fr. c.		
Denis (Pierre)......	15 oct. 1877.	15 oct..	17 oct..	2	6	5 »	»	1	»				30 »	40 »	5 »	»		30 »	38 »	15 nov. 1877.	N'a pas répondu.
Idem	24 oct. 1877.	25 oct..	»	»	»	»	1	»	10 »				10 »		»	8 »		8 »			

TOTAL ÉGAL à celui des bons de fournitures et des certificats du service exécuté, qui sont ci-annexés................

TOTAL des sommes réclamées....

TOTAL des indemnités allouées.

Le présent état, appuyé de   réquisitions et de bons de fournitures ou certificats constatant l'exécution du service requis et de   procès-verbaux, est certifié par nous, maire de la commune d   aux quantités de (3)

et à la somme de (4)

A   , le   18 .

Le présent état est arrêté par l'autorité militaire à la somme de

A   , le   18

Le Sous-Intendant militaire,

Le Maire, soussigné, certifie que les décisions de l'autorité militaire ont été notifiées aux intéressés aux dates ci-dessous et qu'ils ont fait à cette notification, dans le délai de 15 jours, les réponses suivantes :

A   , le   18 .

Le Maire,

DÉPARTEMENT

d

—

COMMUNE

d

—

(1) Indiquer le service administratif (vivres, fourrages, logement, transports, etc., etc.) auquel les prestations fournies se rapportent.

(2) Indiquer en toutes lettres la nature et l'importance des prestations fournies, dont le règlement a été accepté par les intéressés.

(3) A remplir par l'administration militaire.

(4) Désignation du comptable qui a reçu les fournitures ou qui est chargé de leur régularisation.

(5) Bordereau des certificats constatant l'exécution des services requis, procès-verbaux, ou, à défaut, extraits des décisions de l'autorité militaire compétente.

MODÈLE B.

___

SERVICE D[1]

___

ÉTAT des sommes dues aux habitants de la commune de   *qui sont dénommés ci-après, pour paiement des prestations qu'ils ont fournies par suite de réquisitions et dont le détail suit :*

SAVOIR :

(2) (Exemples.)

Pain : — sept cent quarante-trois kilogrammes, ci 7ˣ 43ᵏ

Nourriture chez l'habitant : — cinq cent vingt-quatre demi-journées, ci   524

(*ou*)

.... journées de location de pelles.
.... journées de location de pioches.

(*ou*)

.... journées de voitures à un collier.
.... journées de voitures à deux colliers.

         A   , le   189 .

             Le Maire,

(Voir d'autre part.)

___

(3) Pris en charge par le (4)   soussigné.

         A   , le   18 .

(*ou*)

La fourniture des prestations indiquées ci-dessus est justifiée par les pièces (5) ci-annexées au nombre de

         A   , le   18 .

         Le Sous-Intendant militaire,

(1) Chaque habitant émarge au moment où il est payé par le receveur municipal.

NOMS ET PRÉNOMS.	SOMME à payer à chaque habitant.	ÉMARGEMENT PORTANT QUITTANCE (1). Les soussignés reconnaissent avoir reçu les sommes ci-contre pour paiement intégral des prestations auxquelles elles se rapportent.
TOTAL............		

CERTIFIÉ par nous, Maire de la commune de
à la somme de (*en toutes lettres*).

A   , le   18 .

VU, VÉRIFIÉ ET ARRÊTÉ le présent état à la somme de
laquelle a été ordonnancée en un mandat n° , en date du
au nom du receveur municipal de la commune de

A   , le   18 .

Le Sous-Intendant militaire,

DÉPARTEMENT

d

—

COMMUNE

d

MODÈLE C.

—

SERVICE DE LA REMONTE.

———

(1) Cet état doit être produit en deux expéditions.
(2) Indiquer la commune où siège la commission de réquisition.
(3) Indiquer le numéro de la catégorie suivi d'un O pour les chevaux d'officiers et d'un T pour les chevaux de troupe et les mulets.
(4) Chaque propriétaire émarge au moment où il est payé par le receveur municipal.
(5) Indiquer en toutes lettres le nombre de chevaux d'officier et le nombre de chevaux de troupe de chaque catégorie.
(6) Cette partie de l'état est remplie par le sous-intendant militaire.

ETAT (1) *des sommes dues aux habitants de la commune de qui sont dénommés ci-après, pour paiement des chevaux, juments, mulets et mules qu'ils ont livrés à la commission de réquisition de (2) à la date du   189 ,* SAVOIR :

NOMS ET PRÉNOMS des propriétaires.	CATÉGORIE des ANIMAUX REQUIS (3).	NUMÉRO sur le tableau de classement de la commune.	NUMÉRO matricule donné par la commission.	PRIX DES ANIMAUX requis.	SOMMES REVENANT A chaque propriétaire.	ÉMARGEMENT PORTANT QUITTANCE (4). Les soussignés reconnaissent avoir reçu les sommes indiquées ci-contre pour paiement intégral des chevaux, juments, mulets et mules désignés au présent état.
GUILLOT (Adrien).	1 — O	25	106	1625 »	2525 »	
Idem	7 — T	27	152	900 »		
TOTAL............						

Le présent état est certifié par nous, maire de la commune de
aux quantités de (5)   et à la somme totale de
A   , le   189 .

(6) Il appert de l'extrait du procès-verbal rapporté le   , par
le président de la commission, n°   , siégeant à   , qu'il a
pris charge des animaux   indiqués ci-dessus.
A   , le   189 .

Le Sous-Intendant militaire,

VU, VÉRIFIÉ et ARRÊTÉ le présent état à la somme de
laquelle a été ordonnancée en un mandat n°   , en date du
au nom du receveur municipal de la commune de
A   , le   189 .

Le Sous-Intendant militaire,

DÉPARTEMENT

d

—

COMMUNE

d

—

Nota. — Il est établi un
état pour les voitures et
un autre pour les harnais.

MODÈLE D.

SERVICE D[1]

(1) *Harnachement* s'il s'a
git de harnais, et *équipages
militaires* s'il s'agit de voitures.
(2) A produire en deux expéditions.
(3) *Voitures* ou *harnais*,
suivant le cas.
(4) Commune où siège la
commission.
(5) A 2 *roues*, s'il s'agit de
voitures, et *de derrière*, s'il
s'agit de harnais.
(6) A 4 *roues*, s'il s'agit de
voitures, et, *de devant*, s'il
s'agit de harnais.
(7) Les propriétaires
émargent au moment où ils
sont payés par le receveur
municipal.
(8) Indiquer en toutes
lettres soit le nombre de
voitures à 2 et à 4 roues,
soit le nombre de harnais
de devant et de derrière.
(9) Cette partie de l'état
est remplie par le sous-
intendant militaire.

ETAT (2) *des sommes dues aux habitants de la commune de
qui sont dénommés ci-après, pour paiement des* (3) *qu'ils
ont livrés à la commission de réquisition* (4) *, à la date du*
SAVOIR :

NOMS ET PRÉNOMS des propriétaires.	NUMÉRO DE LA VOITURE sur le procès-verbal de tirage de la commune.	NOMBRE de (3) requis.		PRIX	DÉCOMPTE en deniers.	Sommes revenant à chaque propriétaire.	ÉMARGEMENT PORTANT QUITTANCE (7) Les soussignés reconnaissent avoir reçu les sommes indiquées ci-contre pour paiement intégral des (3) compris au présent état.
		(5)	(6)				
TOTAUX........							

Le présent état est certifié par nous, maire de la commune de
aux quantités de (8) (*en toutes lettres*) et à la somme
de (*en toutes lettres*)
                                  A   , le   189 .
(9) Il appert de l'extrait du procès-verbal rapporté le   , par
le président de la commission, n°   , siégeant à   , qu'il a
pris à charge des (3)   indiqués ci-dessus.
                                  A   , le   189 .
                                  Le Sous-Intendant militaire,

Vu, VÉRIFIÉ ET ARRÊTÉ le présent état à la somme de
laquelle a été ordonnancée en un mandat n°   , en date du
au nom du receveur municipal de la commune de
                                  A   , le   , 189 .
                                  Le Sous-Intendant militaire,

Nº 3. *Décret désignant les catégories d'exemptions à établir, en exécution du titre VIII de la loi du 3 juillet 1877, relative aux réquisitions militaires.*

Versailles, le 9 avril 1878.

Lᴇ Pʀᴇ́sɪᴅᴇɴᴛ ᴅᴇ ʟᴀ Rᴇ́ᴘᴜʙʟɪϙᴜᴇ ғʀᴀɴᴄ̧ᴀɪsᴇ,

Vu les articles 40 et 42 du titre VIII de la loi du 3 juillet 1877, sur les réquisitions militaires ;

Vu le décret du 2 août 1877, portant règlement d'administration publique pour l'exécution de la loi précitée ;

Sur le rapport du Ministre de la guerre,

Dᴇ́ᴄʀᴇ̀ᴛᴇ :

Art. 1ᵉʳ. Les fonctionnaires, les administrations publiques et les établissements publics appelés à bénéficier des exemptions prévues par les articles 40 et 42 de la loi du 3 juillet 1877, sur les réquisitions militaires, sont désignés dans le tableau ci-après, savoir :

DÉSIGNATION des MINISTÈRES.	DÉSIGNATION : 1° Des fonctionnaires qui sont tenus de posséder des chevaux et voitures ; 2° Des administrations auxquelles des chevaux de service et des voitures sont nécessaires.	Nombre de chevaux par fonctionnaire ou par établissement.	Nombre de voitures à 2 ou à 4 roues, par fonctionnaire ou par établissement.	OBSERVATIONS.
	Tous les ministres............	»	»	Sans fixation de chiffres.
JUSTICE	*Imprimerie nationale.* Directeur et service..........	10	5	
AFFAIRES ÉTRANGÈRES.	......	»	»	Suppression (décret du 27 octobre 1883).
	......	»	»	Id.
	Directeur des affaires politiques.	3	4	Addition (même décret).
	Préfets des départements......	2	»	
	Sous-préfets des arrondissements....................	1	»	
INTÉRIEUR ET CULTES.	*Établissements pénitentiaires.* Clairvaux (Aube)..............	6	5	
	Le Val d'Yèvre (Cher).........	11	5	
	Casabianca (Corse)............	45	20	
	Castellucio (Corse)............	8	4	
	Chiavari (Corse)..............	31	15	
	Saint-Ilan (Côtes-du-Nord).....	2	1	
	Gaillon (Eure).................	1	1	
	Les Douaires (Eure)...........	10	5	

DÉSIGNATION des MINISTÈRES.	DÉSIGNATION : 1° Des fonctionnaires qui sont tenus de posséder des chevaux et voitures ; 2° Des administrations auxquelles des chevaux de service et des voitures sont nécessaires.	Nombre de chevaux par fonctionnaire ou par établissement.	Nombre de voitures à 2 ou à 4 roues, par fonctionnaire ou par établissement.	OBSERVATIONS.
	Etablissements pénitentiaires. (Suite.)			
	Maison centrale de Nîmes (Gard)	1	1	Décret du 27 octobre 1883.
	Colonie de Mettray (Indre-et-Loire)	5	2	
	La Motte-Beuvron (Loir-et-Cher)	8	4	
	Fontevrault (Maine-et-Loire)...	3	2	
	Loos (Nord)	2	2	
	Saint-Bernard (Nord)	13	6	
	La Grande-Trappe (Orne)	2	2	
	Ecole Saint-Joseph à Frasnes (Haute-Saône)	2	1	
	Atelier-refuge de Rouen	2	2	
	Saint-Hilaire (Vienne)	14	7	
	Aniane (Hérault)	4	5	Décret du 30 juin 1896.
	Établissements généraux de bienfaisance.			
INTÉRIEUR ET CULTES. *(Suite).*	Maison nationale de Charenton (Seine)	3	2	
	Asile national de Vincennes (Seine)	5	2	
	Asile national du Vésinet (Seine-et-Oise)	3	2	
	Institution nationale des sourdes-muettes de Bordeaux....	1	1	
	Hospice national du Mont-Genèvre	1	1	
	Institution nationale des sourds-muets de Chambéry	1	1	
	Etablissements hospitaliers.			
	Dépôt de mendicité de Montreuil-sous-Laon (Aisne)	4	2	
	Hospice d'Angoulême (Charente)	2	2	
	Dépôt de mendicité de Rabès (Corrèze)	1	1	
	Hospice général de Tours (Indre-et-Loire)	5	3	
	Hospice d'Alençon (Orne)	1	1	
	Dépôt de mendicité de Neurey (Haute-Saône)	2	1	
	Hospices du Mans (Sarthe)....	1	1	
	Hospices de Poitiers (Vienne)..	1	1	
	Hospices civils de Reims (Marne)	1	1	Id.

DÉSIGNATION des MINISTÈRES.	DÉSIGNATION : 1° Des fonctionnaires qui sont tenus de posséder des chevaux et voitures ; 2° Des administrations auxquelles des chevaux de service et des voitures sont nécessaires.	Nombre de chevaux par fonctionnaire ou par établissement.	Nombre de voitures à 2 ou à 4 roues, par fonctionnaire ou par établissement.	OBSERVATIONS.
	Etablissements hospitaliers. (Suite.)			
	Administration des pompes funèbres de la ville de Marseille	40	»	Décret du 23 nov. 1888.
	Hospices de Montpellier.......	3	»	Décret du 31 août 1891.
	Hôpital-hospice de Niort.......	11	»	Décret du 4 juill. 1892.
	Administration des pompes funèbres de la ville d'Orléans..	2	2	Décret du 4 fév. 1893.
	Etablissements dépendant de l'assistance publique de Paris (Seine).			
INTÉRIEUR ET CULTES. (*Suite.*)	Hôpital de la Charité, à Paris..	1	1	
	— de la Pitié, à Paris....	1	1	
	— Saint-Antoine, à Paris.	1	2	
	— Necker, à Paris.......	1	2	
	— Beaujon, à Paris.......	1	2	
	— Lariboisière, à Paris...	2	2	
	— Saint-Louis, à Paris...	2	3	
	— des enfants malades, à Paris.................	2	1	
	— Sainte-Eugénie, à Paris.	2	2	
	— de Berck-sur-Mer (Pas-de-Calais)..........	3	1	
	Maison municipale de santé, à Paris	1	2	
	Hospice des enfants assistés, à Paris.................	4	3	
	Hospice de Bicêtre (vieillesse, hommes), à Paris	6	4	
	Hospice de la Salpêtrière (vieillesse, femmes), à Paris......	6	6	
	Hospice des incurables, à Ivry (Seine)................	3	3	
	Maison des ménages, à Issy (Seine).................	2	3	
	Institution de Sainte-Périne, à Paris (Auteuil)............	1	2	
	Amphithéâtre d'anatomie, à Paris....................	1	2	
	Hospice de la Reconnaissance (fondation Brézin), à Garches (Seine-et-Oise)...........	1	3	

DÉSIGNATION des MINISTÈRES.	DÉSIGNATION : 1° Des fonctionnaires qui sont tenus de posséder des chevaux et voitures ; 2° Des administrations auxquelles des chevaux de service et des voitures sont nécessaires.	Nombre de chevaux par fonctionnaire ou par établissement.	Nombre de voitures à 2 ou à 4 roues, par fonctionnaire ou par établissement.	OBSERVATIONS.
	Service municipal de la ville de Paris.			
	Octroi de la ville de Paris.....	4	2	Décret du 25 fév. 1879.
	Administration des pompes funèbres de la ville de Paris...	364	»	Décret du 7 fév. 1887.
	Asiles d'aliénés.			
	Prémontré (Aisne).............	6	3	
	Ste-Catherine, commune d'Yseure (Allier).................	3	2	
	Saint-Lizier (Ariège)...........	1	1	
	Rodez (Aveyron)...............	1	1	
	Aix (Bouches-du-Rhône).......	2	1	
	Marseille (Bouches-du-Rhône)..	1	1	
	Breuty (Charente).............	2	1	
	Lafond, commune de Cognehors (Charente-Inférieure).........	2	1	
	Bourges (Cher)................	2	2	
	Dijon (Côte-d'Or).............	1	1	
	Lehon, près Dinan (Côtes du-Nord)....................	2	1	
INTÉRIEUR ET CULTES. (*Suite.*)	Bon-Sauveur, à Bigard (Côtes-du-Nord)....................	2	1	
	Evreux (Eure).................	3	2	
	Bonneval (Eure-et-Loir)........	3	2	
	Saint-Athanase, près Quimper (Finistère).................	4	2	
	Toulouse (Haute-Garonne).....	5	1	
	Auch (Cher)...................	2	1	
	Bordeaux (Gironde)............	1	1	
	Cadillac (Gironde).............	2	2	
	Rennes (Ille-et-Vilaine)........	3	2	
	Saint-Robert, à Saint-Egrève (Isère)....................	1	1	
	Dôle (Jura)..................	4	2	
	Blois (Loir-et-Cher)...........	2	2	
	Saint-Alban (Lozère)...........	2	1	
	Saint-Gemmes, près Angers (Maine-et-Loire).............	4	2	
	Pontorson (Manche)...........	1	1	
	Picauville (Manche)...........	1	1	
	Saint-Lô (Manche)............	1	1	
	Châlons (Marne).............	2	1	
	Saint-Dizier (Haute-Marne)....	1	1	
	La Roche-Gandon, commune de Mayenne (Mayenne).........	2	1	
	Maréville (Meurthe-et-Moselle).	4	2	

DÉSIGNATION des MINISTÈRES.	DÉSIGNATION : 1° Des fonctionnaires qui sont tenus de posséder des chevaux et voitures ; 2° Des administrations auxquelles des chevaux de service et des voitures sont nécessaires.	Nombre de chevaux par fonctionnaire ou par établissement.	Nombre de voitures à 2 ou à 4 roues, par fonctionnaire ou par établissement.	OBSERVATIONS.
	Asiles d'aliénés. (Suite.)			
	Fains, près Bar-le-Duc (Meuse).	1	1	
	La Charité, près Nevers (Nièvre).	1	1	
	Bailleul (Nord).................	6	3	
	Armentières (Nord)............	5	3	
	Lommelet, à Marquette (Nord).	4	2	
	Alençon (Orne).................	2	1	
	Pau (Basses-Pyrénées).........	4	2	
INTÉRIEUR ET CULTES. (*Suite.*)	Bron (Rhône)..................	4	2	
	Le Mans (Sarthe)..............	1	1	
	Bassens (Savoie)..............	1	1	
	Sainte-Anne, à Paris..........	4	6	Décret du 23 fév. 1879.
	Vaucluse, commune d'Epinay-sur-Orge (Seine-et-Oise).....	8	3	Même décret
	Ville-Evrard, commune de Neuilly-sur-Marne (Seine-et-Oise)......................	6	2	Même décret
	Quatre-Mares, à Sotteville-lès-Rouen (Seine-Inférieure).....	6	3	
	Bon-Sauveur (Tarn)...........	1	1	
	Mont-de-Vergues, à Avignon (Vaucluse)	2	1'	
	La Roche-sur-Yon (Vendée)....	2	1	
	Naugeat, à Limoges (Hte-Vienne)	1	1	
	Administration centrale........	3 (1)	3	(1) Ces chevaux appartiennent à un entrepreneur.
	1° *Administration des Douanes.*			
	Inspecteurs divisionnaires.....	2	»	
	Sous-inspecteurs divisionnaires.	2	»	
	Employés des brigades à cheval.	1	»	
FINANCES.	2° *Administration des Contributions indirectes.*			
	Receveurs ambulants à cheval.	1	1	Décret du 22 juin 1891.
	Commis principaux à cheval...	1	»	
	3° *Administration des Télégraphes.*			
	Dépôt central à Paris..........	6 (2)	»	Décret du 21 août 1892. (2) Ces chevaux appartiennent à un entrepreneur.

DÉSIGNATION des MINISTÈRES.	DÉSIGNATION : 1° Des fonctionnaires qui sont tenus de posséder des chevaux et voitures ; 2° Des administrations auxquelles des chevaux de service et des voitures sont nécessaires	Nombre de chevaux par fonctionnaire ou par établissement.	Nombre de voitures à 2 ou à 4 roues, par fonctionnaire ou par établissement.	OBSERVATIONS.
MARINE	*Adjudicataires des travaux dans les ports et établissements de la marine :*			
	A Cherbourg......................	95	38	Décrets du 23 juillet 1893 et du 10 octobre 1893.
	A Brest........................	12	»	
	A Lorient.	20	2	Décret du 23 juillet 1893
	A Rochefort	10	»	Même décret
	A Toulon	29	3	Même décret
	A Indret.	8	))	
	A Guérigny....................	11	»	
	Hôpital maritime de Rochefort.	1	5	Décret du 25 fév. 1879.
	Hospice des orphelines de la Marine de Rochefort........	1	1	Même décret
INSTRUCTION PUBLIQUE ET BEAUX-ARTS.	Faculté de médecine de Paris..	1	1	
	Lycée de Nantes..............	4	1	
AGRICULTURE.	*1° Service des Haras.*			
	Inspecteurs généraux..........	2	1	
	Directeurs des dépôts d'étalons.	1	1	
	Sous-directeurs des dépôts d'é-talons......................	1	»	
	2° Service des Forêts.			
	Inspecteurs	1	»	
	Sous-inspecteurs	1	»	
	Gardes généraux..............	1	»	
	Gardes généraux adjoints......	1	»	
	Brigadiers du service des dunes.	1	»	
TRAVAUX PUBLICS.	*1° Service des ponts et chaussées.*			
	Les ingénieurs ordinaires char-gés d'un service d'arrondisse-ment......................	1	»	

DÉSIGNATION des MINISTÈRES.	DÉSIGNATION : 1° Des fonctionnaires qui sont tenus de posséder des chevaux et voitures ; 2° Des administrations auxquelles des chevaux de service et des voitures sont nécessaires.	Nombre de chevaux par fonctionnaire ou par établissement.	Nombre de voitures à 2 ou à 4 roues, par fonctionnaire ou par établissement.	OBSERVATIONS.
TRAVAUX PUBLICS. (*Suite.*)	2° *Service des bâtiments civils et palais nationaux.* Conservation du mobilier national.................... Palais du Luxembourg......... Palais de Versailles........... Palais de Saint-Cloud.........	4 1 1 3	10 2 2 4	(1) Suppression (décret du 25 févr.1879) (2) Suppression(même décret).
GUERRE.	1° *Cadre de réserve (officiers généaux et assimilés* (1). 2° *Réserve ét armée territoriale (officiers supérieurs et assimilés)* (2).			

Art. 2. Les décrets des 23 octobre, 23 et 24 novembre 1874, 30 janvier 1876 et 8 mai 1877 sont abrogés.

Art. 3. Le Ministre de la guerre est chargé de l'exécution du présent décret.

Fait à Versailles, le 9 avril 1878.

Signé : M^{al} DE MAC-MAHON.

Par le Président de la République :

Le Ministre de la guerre,

Signé : Gal BOREL.

N° 4. Le Ministre de la guerre à MM. les Gouverneurs militaires de Paris et de Lyon; les Généraux commandant les corps d'armée. (*Cabinet du Ministre; Bureau de la Correspondance générale.*) Lettre collective n° 55.

Paris, le 10 juin 1882.

(Au sujet des avis à donner aux municipalités, en ce qui touche les réquisitions.)

Mon cher Général, mon attention a été appelée sur les difficultés qui se sont produites dans une ville, à l'occasion du logement, par voie de réquisition, d'une troupe en cours de manœuvres.

Il résulte des renseignements qui m'ont été fournis que les dispositions nécessaires pour assurer le logement de cette troupe n'ont pu être prises à temps par le maire de la ville, en raison de l'envoi tardif, par l'officier commandant la troupe à loger, de la réquisition réglementaire.

En vue de prévenir, autant que possible, toute difficulté de cette nature, j'ai l'honneur de vous prier de prescrire toujours aux autorités militaires sous vos ordres, qui auront à effectuer des déplacements pouvant donner lieu à réquisition, d'avoir soin d'adresser plusieurs jours à l'avance, deux au moins, aux maires des communes où des troupes auront à séjourner, les réquisitions qu'elles auront à exercer, en conformité de la loi du 3 juillet 1877 et du décret du 2 août 1877, et de leur faire connaître, en même temps, très exactement, le nombre des militaires de tous grades et de chevaux à loger, ainsi que les conditions dans lesquelles il est à désirer, pour le bien du service, que des logements soient fournis.

Il conviendra aussi que l'officier auquel incombe le soin de donner l'avis dont il s'agit (art. 34 du décret du 2 août 1877) s'en quière avec soin des communications postales, afin de s'assure que son avis parviendra à temps aux municipalités destinataires.

Signé : BILLOT.

N° 5. Le Ministre de la guerre à Messieurs les Généraux gouverneurs militaires de Paris et de Lyon et les Généraux commandant les corps d'armée. (*Etat-Major général, 4° Bureau.*) Circ. n° 3.

Paris, le 15 juillet 1882.

(Répartition des troupes qui ne peuvent être logées en totalité au gîte d'étape.)

Messieurs, depuis la promulgation de la loi du 3 juillet 1877, sur les réquisitions, des doutes se sont élevés sur la question de savoir à qui, de l'autorité civile ou de l'autorité militaire, lorsque l'effectif d'une troupe de passage excède les ressources du gîte porté sur l'ordre de mouvement, il appartient de désigner les localités voisines qui doivent concourir avec lui à assurer le logement.

Dans plusieurs circonstances, le maire du gîte principal a refusé de faire cette désignation, alléguant que ce soin, qui autrefois incombait à l'autorité civile, a été confié à l'autorité militaire par l'article 3 de la loi sur les réquisitions.

Il importe de faire cesser toute indécision à cet égard; et, après m'être concerté avec mon collègue de l'intérieur, j'ai l'honneur de vous indiquer ci-après la solution qui doit être donnée à cette question.

Si l'article 3 de la loi du 3 juillet 1877 dit que le droit de requérir appartient à l'autorité militaire, d'autre part, l'article 1er spécifie que cette loi n'est applicable qu'en cas de mobilisation partielle ou totale, ou de rassemblement, dans des conditions de temps et de lieux déterminées à l'avance par le Ministre de la guerre, et en vue des prestations nécessaires pour suppléer à l'insuffisance des moyens d'approvisionnement de l'armée.

Quant au droit au logement pour les troupes de passage et les militaires isolés, en temps ordinaire, droit que maintient formellement l'article 9 de la loi du 3 juillet 1877, il doit continuer à s'exercer conformément aux errements suivis jusqu'à la promulgation de ladite loi. On doit donc se reporter, pour l'application, au règlement du 20 juillet 1824 (1). Or, aux termes de l'article 113 de ce règlement, lorsque les troupes en marche ne peuvent être logées en totalité dans le gîte d'étape désigné sur la feuille de route, les maires doivent, autant que possible, placer les détachements en avant ou à la hauteur de ce gîte, afin de leur épargner des marches inutiles. Ce devoir, imposé au maire du gîte principal par le règlement de 1824, implique le droit de désigner les localités voisines qui doivent recevoir une partie de la troupe à loger. S'il s'élève des difficultés, c'est le préfet qui doit faire la répartition, sauf appel au Ministre de l'intérieur.

Mais dans la pratique, il importe précisément de prévenir ces difficultés qui entraîneraient des délais incompatibles avec la nécessité de pourvoir sans retard au logement des troupes de passage, et de mettre les préfets à même de prendre en temps utile toutes les dispositions nécessaires. Aussi les instructions en vigueur, et notamment la circulaire du 28 avril 1853, prescrivent-elles à l'autorité militaire qui met une troupe en route, de faire connaître à l'avance, aux préfets des départements où elle

---

(1) Règlement abrogé par l'art. 33 de l'instruction du 23 novembre 1886, concernant les modifications apportées par le décret du 13 novembre 1886 au décret du 2 août 1877 sur les réquisitions militaires. (Titre III, logement et cantonnement.)

doit coucher, les jours d'arrivée et de séjour dans chaque gîte, ainsi que l'effectif à loger.

C'est donc aux préfets, et par délégation aux sous-préfets, qu'il appartient, comme par le passé, de désigner, s'il y a lieu, les communes voisines du gîte principal qui doivent concourir avec lui au logement des troupes. On ne doit pas d'ailleurs tenir compte des limites de départements. Des instructions dans ce sens vont être adressées aux préfets par M. le Ministre de l'intérieur.

De votre côté, et pour faciliter la tâche des autorités civiles et éviter dans l'avenir tout malentendu, vous voudrez bien, mon cher Général, tenir la main à ce que les recommandations de la circulaire précitée du 28 avril 1853 soient ponctuellement suivies, et que les préfets soient exactement informés à l'avance de tout mouvement de troupe les intéressant.

Je vous prie de m'accuser réception de la présente circulaire.

Signé : Billot.

N° 6. *Décret pour l'application, en Algérie, de la loi du 3 juillet 1877, sur les réquisitions militaires.*

Mont-sous-Vaudrey, le 8 août 1885.

Le Président de la République française,

Vu la loi du 3 juillet 1877, relative aux réquisitions militaires ;
Vu le décret du 2 août suivant, portant règlement d'administration publique pour l'exécution de cette loi ;
Sur le rapport du Ministre de la guerre,

Décrète :

Art. 1er. La loi du 3 juillet 1877, relative aux réquisitions militaires, et le décret du 2 août 1877, portant règlement d'administration publique pour l'exécution de cette loi, sont applicables en Algérie.

Art. 2. En cas de rassemblement et de mouvements de troupes, le droit de requérir et de déterminer la nature des réquisitions, ainsi que les portions du territoire sur lesquelles ces réquisitions peuvent être exercées, appartient au gouverneur général de l'Algérie, par délégation du Ministre de la guerre.

Art. 3. Les dispositions contenues dans la loi et le décret mentionnés ci-dessus ne seront appliquées aux indigènes non naturalisés français qu'avec les modifications spécifiées dans les articles ci-après.

Art. 4. La fourniture des prestations exigibles des indigènes

non naturalisés français, pour les besoins de l'armée et par voie
de réquisition, comprend, dans les limites fixées par l'article 19
de la loi du 3 juillet 1877, et de l'article 38 du décret du 2 août
1877 :

1º Le cantonnement, pour les hommes et pour les animaux,
dans les locaux disponibles ;

2º Les vivres et le chauffage pour les hommes ; l'orge, la paille
et le fourrage pour les animaux ;

3º Les moyens de transport, en animaux de selle, de trait et de
bât, soit par voie d'achat, soit par voie de location, y compris le
personnel de conduite ;

4º Les guides, les messagers, ainsi que les ouvriers pour tous
les travaux que les différents services de l'armée ont à exécuter.

Art. 5. Tous les ans, à l'époque du recensement du Zekkat, les
maires ou les autorités qui en tiennent lieu dressent, par commune, section de commune ou tribu, et dans les conditions qui
seront réglées par un arrêté du gouverneur général de l'Algérie,
l'état de tous les animaux de selle, de trait et de bât qui ont atteint, au 1er janvier, l'âge de quatre ans, pour les chameaux, chamelles, chevaux et juments, et de trois ans pour les mulets et
mules, et qui sont, par les autorités ci-dessus désignées, reconnus
propres au service des convois militaires et des colonnes expédi-
tionnaires.

Art. 6. Les relevés numériques des états ainsi établis, déduc
tion faite des étalons approuvés, des juments et des chamelles
pleines ou suitées, des animaux appartenant personnellement
aux chefs, adjoints et agents indigènes rétribués sur l'un des
budgets de l'Etat, des départements ou des communes, et ensuite
du cinquième pour les non-valeurs, constituent le contingent
maximum à fournir, le cas échéant, par chaque commune, section de commune ou tribu.

Art. 7. Ces relevés numériques, arrêtés et centralisés par les
préfets ou les généraux de division, suivant le territoire, sont
communiqués au général commandant le 19e corps d'armée.

Art. 8. Il n'est procédé à aucun autre classement des animaux
soumis à la réquisition.

Art. 9. L'ordre de réquisition, qui est adressé, suivant le territoire, aux maires, aux administrateurs civils ou aux commandants de cercle ou d'annexe, et, dans le cas de nécessité résultant
de l'éloignement et de l'urgence, aux adjoints ou aux chefs indigènes, indique toujours le nombre des animaux requis, ainsi que
le jour et le lieu de leur réunion. Ces animaux doivent être pourvus d'un bât, d'un tellis ou filet et des cordes nécessaires pour
assurer la charge. Ils sont examinés et reçus par une commission
mixte, dont la composition sera réglée par le gouverneur général
de l'Algérie, et qui, seule juge de leur acceptation, peut exiger

le remplacement des animaux qui seraient reconnus impropres au service pour lequel la réquisition est faite.

L'acquisition éventuelle des animaux par voie d'achat a lieu dans les conditions prescrites par l'article 49 de la loi du 3 juillet 1877 et par les soins de la commission de réception (1).

Dans le cas où un ou plusieurs des animaux requis ne seraient pas présentés au jour et au lieu indiqués, ou seraient présentés non pourvus de leurs accessoires, les maires ou leurs adjoints, ou les agents indigènes, seront, dans les conditions déterminées par le gouverneur général de l'Algérie, passibles d'une amende de un à quinze francs, pour chaque animal manquant ou présenté non pourvu de ses accessoires. La même peine sera, en outre, applicable à chacun des propriétaires contrevenants.

Art. 10. Le gouverneur général de l'Algérie fixe, chaque année, après délibération du conseil de gouvernement, les tarifs des indemnités à payer pour les journées de personnel et d'animaux requis, et, en général, pour toutes les prestations fournies soit par voie d'achat, soit par voie de location.

Art. 11. Le payement de ces indemnités, et, s'il y a lieu, du prix d'achat des animaux sera, autant que possible, effectué, séance tenante et suivant les règles de la comptabilité militaire, par les soins de l'intendance ou de l'officier chef de convoi, qui sera pourvu, à cet effet, des avances nécessaires. Les sommes qui n'auraient pu être remises aux ayants droit, pour toute autre cause que l'abandon de leur poste, seront envoyées au maire de leur résidence ou à l'autorité qui en tient lieu.

Art. 12. Tout propriétaire d'un animal tué, mort ou endommagé par suite de blessures ou de fatigues résultant de la réquisition et dûment constatées pendant l'exécution du service, aura droit à une indemnité fixée, d'après les prix courants du pays, par une commission militaire dont la composition sera réglée par le gouverneur général de l'Algérie.

Tout indigène requis, devenu impotent à la suite de blessures reçues dans un service commandé, recevra, à titre de réparation pécuniaire, une somme d'argent une fois payée.

Tout indigène requis, tué dans un service commandé, ouvrira aux héritiers dont il était le soutien le droit à une réparation pécuniaire, consistant en une somme d'argent une fois payée.

Les sommes dont il est question dans les deux alinéas qui précèdent seront fixées par le gouverneur général de l'Algérie et payées sur la contribution de guerre imposée à l'ennemi ou aux rebelles, ou sur les fonds de l'Etat.

---

(1) En ce qui concerne les chevaux entiers, voir la décision présidentielle du 15 septembre 1886.

Art. 13. Un arrêté du gouverneur général de l'Algérie réglera les détails d'exécution du présent décret.

Fait à Mont-sous-Vaudrey, le 8 août 1885.

Signé : JULES GRÉVY.

Par le Président de la République,

Le Ministre de la guerre,

Signé : E. CAMPENON.

N° 7. *Décision présidentielle concernant l'indemnité à allouer pour les chevaux requis en Algérie.*

Paris, le 15 septembre 1886.

RAPPORT AU PRÉSIDENT DE LA RÉPUBLIQUE FRANÇAISE.

Monsieur le Président,

L'article 49 de la loi du 3 juillet 1877, relative aux réquisitions militaires, dispose que les prix des chevaux, juments, mulets et mules, requis par voie d'achat, sont déterminés à l'avance et fixés d'une manière absolue, pour chaque catégorie, aux chiffres portés au budget de l'année, augmentés du quart pour les chevaux de selle et pour les chevaux d'attelage d'artillerie. Toutefois, d'après le deuxième paragraphe de cet article, l'augmentation dont il s'agit n'est pas applicable aux chevaux entiers.

Ces dispositions ont été motivées par des considérations relatives à la valeur des animaux. En particulier, la restriction concernant les chevaux entiers a été faite dans l'intérêt même de l'industrie chevaline. Elle ne porte, en effet, que sur ceux de ces animaux qui ne sont pas compris parmi les chevaux entiers approuvés ou autorisés pour la reproduction, ces derniers étant exemptés de la réquisition.

Or, la mise en application de la loi du 3 juillet 1877, en Algérie, qui a été prescrite par le décret du 8 août 1885, a donné lieu de remarquer que le mode d'évaluation des indemnités indiqué dans l'article 49 de cette loi ne répond pas aux conditions spéciales de l'industrie chevaline de cette colonie, où presque tous les chevaux sont entiers. Il aurait en effet pour résultat, en Algérie, de placer la presque totalité des chevaux susceptibles d'être requis, dans une situation d'infériorité relative, vis-à-vis du petit nombre des chevaux castrés, dont le prix est généralement inférieur.

En tenant compte, dans une juste mesure, de la valeur des chevaux existant en Algérie et qui sont aptes au service militaire, je pense qu'il serait équitable d'adopter, pour cette colonie, un seul mode de fixation des indemnités, qui serait le même que pour les chevaux hongres et les juments de selle et d'attelage d'artillerie en France. Par suite, la disposition contenue dans le deuxième paragraphe de l'article 49 de la loi du 3 juillet 1877 serait supprimée pour l'application de cette loi à l'Algérie.

Si vous approuvez cette proposition, j'ai l'honneur de vous prier, Monsieur le Président, de vouloir bien revêtir le présent rapport de votre signature.

Veuillez agréer, Monsieur le Président, l'hommage de mon respectueux dévouement.

Le Ministre de la guerre,
Signé : Gal BOULANGER.

APPROUVÉ :

Le Président de la République,
Signé : JULES GREVY.

N° 8. *Instruction concernant les modifications apportées, par le décret du 23 novembre 1886, au décret du 2 août 1877 sur les réquisitions militaires.* (Titre III, logement et cantonnement) (1).

Paris, le 23 novembre 1886.

Le titre III (Du logement et du cantonnement) du décret du 2 août 1877, portant règlement d'administration publique pour l'exécution de la loi du 3 juillet de la même année, relative aux réquisitions militaires, présentait quelques points obscurs qui entraînaient des interprétations différentes.

La disposition ajoutée à l'article 23 et les modifications apportées aux articles 30, 31, 32 et 33 de ce décret, par le décret du 23 novembre 1886, fixent d'une manière certaine les droits de l'Etat et ceux des communes et des habitants en matière de logement et de cantonnement.

Art. 23. L'addition apportée à cet article a pour objet de préciser le sens du § 3 de l'article 12 de la loi du 3 juillet 1877, en ce qui concerne les ressources que présente un logement excédant la proportion affectée au grade ou à l'emploi d'un officier ou d'un fonctionnaire militaire, et de déterminer la mesure dans laquelle les catégories de personnes dispensées de fournir le logement dans leur domicile doivent fournir le cantonnement.

Cette addition a pour effet de régler définitivement la question

----

(1) La rédaction des articles du décret du 2 août 1877, visés dans la présente instruction, a subi les modifications qui y ont été apportées par le décret du 23 novembre 1886.

qui a motivé la note ministérielle du 23 juin 1881, insérée au *Journal militaire officiel*; cette note se trouve, par suite, abrogée.

Art. 30. Aux termes de l'ancien article 30, l'officier commandant une troupe, logée ou cantonnée dans une commune, devait remettre au maire, avant de quitter la commune, un état indiquant l'effectif en officiers, sous-officiers, soldats, chevaux, etc., ainsi que la date d'arrivée et celle du départ. Le modèle de cet état d'effectif, tant pour le logement que pour le cantonnement, a été donné par la circulaire du Ministre de la guerre du 25 avril 1878 (5e *Direction*, 3e *Bureau*, n° 1746), non insérée au *Journal militaire*.

Cet état s'appliquait au trimestre, et, pour le logement, faisait une distinction entre les officiers logés seuls ou à deux. Désormais, l'état d'effectif s'appliquera au mois, ne comportera plus qu'une seule colonne pour les officiers, et sera conforme aux modèles n° 1 pour le logement, et n° 1 *bis* pour le cantonnement, annexés à la présente instruction. Par suite, la circulaire précitée du 25 avril 1878 est abrogée.

En outre, pour bien faire ressortir les droits des habitants à l'indemnité, la nouvelle rédaction de l'article 30 oblige l'officier commandant la troupe à établir autant d'états d'effectif qu'il y a eu de périodes de séjour pendant le mois.

Ainsi, par exemple, si une même troupe a été logée ou cantonnée dans la commune du 3 au 5 juillet, et du 28 juillet au 3 août, il sera établi un état d'effectif :

1° Pour la période du 3 au 5 juillet;
2° Pour celle du 28 au 31 juillet;
3° Pour celle du 1er au 3 août.

Sauf dans les cas spécifiés au deuxième alinéa de l'article 30, le maire doit toujours se faire remettre les états d'effectif, attendu qu'à défaut de ces documents, le droit des habitants à indemnité ne pourrait être établi.

Art. 31. La nouvelle rédaction de cet article pose ce principe, qui est la conséquence des articles 13 et 15 de la loi du 3 juillet 1877, que l'indemnité de logement ou de cantonnement n'est due que si le nombre de lits ou de places occupés dans le courant d'un même mois excède le triple des lits ou places que la commune est obligée de fournir d'après les tableaux dont il est fait mention à l'article 25 du décret. Il faut donc entendre par mois, non une période de 30 jours, mais l'occupation pendant un même mois du calendrier.

Des doutes s'étaient élevés sur la question de savoir si l'indemnité allouée aux habitants qui avaient fourni le logement ou le cantonnement au delà de trois nuits, était due à partir du premier jour, ou seulement pour l'excédent des trois nuits. C'est cette dernière interprétation qui a prévalu, l'article 15 de la loi du 3 juillet 1877 imposant, dans tous les cas, le logement ou le cantonnement gratuit, pendant trois nuits dans le courant d'un même mois.

Art. 32. La nouvelle rédaction indique les justifications à produire par les maires qui réclament une indemnité pour le logement ou le cantonnement.

La preuve à fournir consiste dans un état récapitulatif des nuits passées dans la commune, d'après les états d'effectif laissés par les commandants de la troupe, et, par suite, des lits ou places qui ont été occupés. Cet état devra être conforme aux modèles, n° 2 pour le logement et 2 *bis* pour le cantonnement, annexés à la présente instruction.

Le nombre de nuits accusé par les états d'effectif est rapproché du nombre dû par la commune à titre gratuit, d'après le nouvel article 31 du décret.

L'excédent qui ressort de cette comparaison ouvre droit à une indemnité calculée d'après le tarif fixé à l'article 33.

Si, par suite d'une répartition irrégulière des charges du logement ou du cantonnement, la somme ainsi déterminée n'est pas suffisante pour indemniser tous les habitants qui ont fourni la prestation pendant plus de trois nuits, le maire indique, sur le même état, les motifs qui l'ont empêché de se conformer aux prescriptions du deuxième paragraphe de l'article 26 du décret, et ont donné lieu à une augmentation de dépense. Il consigne également sur l'état récapitulatif les circonstances qui ont pu augmenter ou réduire les ressources de la commune en logement ou en cantonnement depuis l'établissement des tableaux visés à l'article 25 du décret. Il fait, en outre, ressortir le nombre de lits ou de places à compter en diminution ou en augmentation du fait de ses observations.

Dans le décompte des nuits de logement, il n'est compté qu'une seule nuit pour deux brigadiers ou caporaux ou pour deux soldats, l'habitant ne devant qu'un seul lit pour deux brigadiers ou caporaux ou pour deux soldats (art. 23 du décret).

L'état récapitulatif, appuyé des deux expéditions des états d'effectif, est adressé, en double expédition, *dans le mois qui suit celui auquel il se rapporte,* au sous-intendant militaire de la subdivision de région. Avant de procéder à l'ordonnancement de la somme réclamée, le sous-intendant vérifie les indications de l'état et, s'il y a lieu, demande, dans ce but, communication d'un extrait, concernant la commune intéressée, des tableaux récapitulatifs des ressources de la région, comme l'y autorise l'article 25 du décret.

Une commune ne peut fournir, pour le même mois, qu'un seul état récapitulatif des modèles n°ˢ 2 et 2 *bis*.

Art. 33. Le nouvel article 33, pour faciliter le décompte de l'indemnité due aux habitants et établir la concordance avec les articles 30, 31 et 32 précités, a remanié le taux de l'indemnité à allouer pour le logement.

Il n'est plus fait de distinction pour les officiers dont le logement, quel que soit le grade, est fixé par lit et par nuit à 1 fr.;

de même, le lit pour homme de troupe, sans distinction de grade, est fixé à 20 cent.

Les maires réclameront au sous-intendant militaire de la subdivision de région les formules d'états récapitulatifs nᵒˢ 2 et 2 *bis* qui leur seront nécessaires, et qui seront fournies par l'administration de la guerre; l'emploi de ces formules supprimera, pour le logement et le cantonnement, l'usage des états A *bis* et B annexés au décret du 2 août 1877. Quant aux états d'effectif modèles nᵒˢ 1 et 1 *bis*, ils seront établis, à la main, par les soins des corps ou détachements.

Sont abrogés :

Le règlement du 20 juillet 1824 sur le logement des troupes chez l'habitant;

La circulaire du Ministre de la guerre du 31 mars 1829, relative aux changements apportés à certaines dispositions de ce règlement. Par suite, les directeurs du service de l'intendance n'auront plus à fournir trimestriellement un *Compte général et récapitulatif du nombre de journées donnant droit aux indemnités de logement et de cantonnement.* Une expédition de l'état récapitulatif modèle nᵒ 2 ou modèle nᵒ 2 *bis* suivant le cas, accompagnée d'une expédition des états d'effectif produits à l'appui, sera simplement jointe au bordereau de mandats afférent au mois pendant lequel l'indemnité aura été mandatée.

Le Ministre de l'intérieur,
Signé : SARRIEN.

Le Ministre de la guerre,
Signé : Gᵃˡ BOULANGER.

•CORPS D'ARMÉE.

Loi du 3 juillet 1877.

DÉPARTEMENT

d

ARRONDISSEMENT

d

COMMUNE

d

MOIS DE   189   .

(1)

Art. 30 du décret du 2 août 1877, modifié par le décret du 23 novembre 1886.

Instruction du 23 novembre 1886.

MODÈLE Nº 1.

ETAT numérique des officiers, sous-officiers, brigadiers ou caporaux et soldats, chevaux et mulets, qui ont été logés dans la commune d

du   au   inclus (2):

	EFFECTIF.				NOMBRE DE NUITS.			
	Officiers.	Sous-officiers.	Brigadiers ou caporaux et soldats.	Chevaux et mulets.	Officiers.	Sous-officiers.	Brigadiers ou caporaux et soldats.	Chevaux et mulets.
	1	2	3	4	5	6	7	8
Effectif des hommes et des animaux présents au premier jour du (3) et nombre de nuits qui en résulte....								
A augmenter { d'après les mutations inscrites au dos du présent état								
d'après le nombre de brigadiers ou caporaux et soldats ayant éventuellement occupé seuls un lit (4)								
A diminuer d'après les mutations inscrites au dos du présent état............								
EFFCTIF au dernier jour du (3) et totaux des nuits.................								

CERTIFIÉ le présent état montant aux quantités de **(5)** :

        nuits d'officiers,
        nuits de sous-officiers,
        nuits de brigadiers ou caporaux et soldats,
        nuits de chevaux et mulets.

Vu :   A   , le   189   .

Le (7)   *Le (6)*

---

(1) Indication du corps de troupe et de la portion du corps (compagnie, escadron ou batterie).

(2) Si la période de séjour comprend des nuits afférentes à deux ou plusieurs mois, il est établi des états distincts par mois.

(3) Du mois ou du séjour.

(4) Des lits peuvent être occupés par des brigadiers, caporaux ou soldats, seuls, et non par deux, soit à cause de la répartition du logement par unités constituées ayant un effectif impair d'hommes, soit par suite de mutations. — On compte un lit en plus pour chaque place ainsi inoccupée.

(5) Indiquer les quantités en toutes lettres.

(6) Chef de corps ou de détachement.

(7) Sous-intendant militaire ou son suppléant, ou le maire.

ÉTAT NOMINATIF (1) *des hommes et des animaux qui ont fait mutation du*   *au*   189 *inclus.*

NUMÉROS des		Numéros matricules.	NOMS ET PRÉNOMS.	GRADES.	MOTIFS ET DATE DES MUTATIONS.	AUGMENTATIONS.								DIMINUTIONS.							
bataillons.	compagnies, escadrons ou batteries.					Officiers.		Sous-officiers.		Brigadiers ou caporaux et soldats.		Chevaux et mulets.		Officiers.		Sous-officiers.		Brigadiers ou caporaux et soldats.		Chevaux et mulets.	
						Effectif.	Nombre de nuits.	Effectif.	Nombre de nuits.	Effectif.	Nombre de nuits.	Effectif.	Nombre de nuits.	Effectif.	Nombre de nuits.	Effectif.	Nombre de nuits.	Effectif.	Nombre de nuits.	Effectif.	Nombre de nuits.
1	2	3	4	5	6	7	8	9	10	11	12	13	14	15	16	17	18	19	20	21	22
				TOTAUX.	Effectif.........																
					Nombre de nuits..																

(1) Les mutations provenant de départ ou d'arrivée de détachements ne seront inscrites que numériquement.
(2) Chef de corps ou de détachement.

CERTIFIÉ par le (2)

A   , le   189 .

e CORPS D'ARMÉE.

DÉPARTEMENT
d

ARRONDISSEMENT
d

COMMUNE
d

(1)

MOIS d   '189 .

Loi du 3 juillet 1877.

Art. 30 du décret du
2 août 1877, modifié
par le décret du 23
novembre 1886.

Instruction
du 23 novembre 1886.

MODÈLE Nº 1 *bis*.

*ÉTAT NUMÉRIQUE des hommes et des animaux qui ont été cantonnés dans
la commune d   du
au   inclus (2).*

	EFFECTIF.		NOMBRE DE NUITS.	
	OFFICIERS et troupe. 1	CHEVAUX et mulets. 2	OFFICIERS et troupe. 3	CHEVAUX et mulets. 4
Effectif des hommes et des animaux présents au premier jour du (3) et nombre de nuits qui en résulte...				
A augmenter, d'après les mutations inscrites au dos du présent état...				
A diminuer, d'après les mutations inscrites au dos du présent état.......				
Effectif au dernier jour du (3) et totaux des nuits				

CERTIFIÉ le présent état montant aux quantités de (4) :
            nuits d'officiers de troupe,
            nuits de chevaux et mulets.

            A.   , le   189 .

            Le (5)

    Vu :

Le (6)

(1) Indication du corps de troupe et de la portion du corps (compagnie, escadron ou batterie).
(2) Si la période du séjour comprend des nuits afférentes à deux ou plusieurs mois, il est établi des états distincts par mois.
(3) Du mois ou du séjour.
(4) Indiquer les quantités en toutes lettres.
(5) Chef de corps ou de détachement.
(6) Sous-intendant militaire, ou son suppléant ou le maire.

ETAT NOMINATIF (1) *des hommes et des animaux qui ont fait mutation du   au   inclus.*

NUMÉROS des		NUMÉROS MATRICULES.	NOMS et PRÉNOMS.	GRADES.	MOTIFS ET DATES DES MUTATIONS.	AUGMENTATIONS.				DIMINUTIONS.			
bataillons.	compagnies, escadrons ou batteries.					OFFICIERS et troupe.		CHEVAUX et mulets		OFFICIERS et troupe.		CHEVAUX et mulets.	
						Effectif.	Nombre de nuits.	Effectif.	Nombre de nuits.	Effectif.	Nombre de nuits.	Effectif.	Nombre de nuits.
1	2	3	4	5	6	7	8	9	10	11	12	13	14
TOTAUX..... { Effectif............... Nombre de nuits													

(1) Les mutations provenant de départ ou d'arrivée de détachements ne seront inscrites que numériquement.
(2) Chef de corps ou de détachement.

CERTIFIÉ par le (2)

A   , le   189   .

<table>
<tr><td>

• CORPS D'ARMÉE

—

DÉPARTEMENT

d

—

ARRONDISSEMENT

d

—

COMMUNE

d

</td><td>

RÉQUISITIONS MILITAIRES

———

LOGEMENT

———

</td><td>

Loi du 3 juillet 1877.

—

Art. 32 du décret du 2 août 1877 modifié par le décret du 23 novembre 1886.

—

Instruction du 23 novembre 1886.

—

MODÈLE Nº 2.

</td></tr>
</table>

ETAT des sommes dues aux habitants de la commune d
 à titre d'indemnité pour logement fourni à la troupe pendant le mois
 d   189 .

———

Déposé cejourd'hui et inscrit immédiatement sous le nº   au registre spécial d'entrée des pièces de comptabilité.

A   , le   189 .

Le Sous-Intendant militaire,

RESSOURCES EN LOGEMENT

de la commune d   *pendant le mois d*   189 .

| | LITS | | PLACES de |
	D'OF-FICIERS.	de TROUPE.	CHEVAUX et MULETS.
Ressources d'après l'extrait, concernant la commune, des tableaux récapitulatifs des ressources de la région, envoyé au maire, par le commandant du corps d'armée, en exécution de l'article 25 du décret du 2 août 1877......................			
A augmenter pour les motifs ci-contre (1).			
A diminuer pour les motifs ci-contre (2).			
Ressources pendant le mois d 189 .			

Le Maire,

---

(1) Le maire consigne entre les deux accolades les circonstances qui ont pu accroître les ressources depuis l'établissement des tableaux récapitulatifs et inscrit dans les colonnes qui font suite le nombre de lits ou de places d'animaux procuré par cet accroissement.

(2) Le maire consigne entre les deux accolades les circonstances qui ont pu réduire les ressources depuis l'établissement des tableaux récapitulatifs, ou qui l'ont empêché de suivre l'ordre de l'état indicatif des ressources de chaque maison ainsi qu'il est prescrit par l'article 26 du décret du 2 août 1877. Il inscrit dans les colonnes qui font suite le nombre de lits ou de places à diminuer en raison de ces circonstances.

ÉTAT NUMÉRIQUE RÉCAPITULATIF

des officiers, sous-officiers, brigadiers ou caporaux et soldats, chevaux et mulets, qui ont été logés, dans la commune d   pendant le mois d   189 , faisant ressortir l'indemnité due à la commune.

DÉSIGNATION des corps, détachements et isolés.	PÉRIODES DE SÉJOUR.	NOMBRE DE NUITS (1).			
		Officiers.	Sous-officiers.	Brigadiers ou caporaux et soldats. — Pour les brigadiers ou caporaux et soldats, le nombre de nuits porté sur les états d'effectif doit être réduit de moitié, le décret du 2 août 1877 n'exigeant qu'un seul lit pour 2 brigadiers ou caporaux, ou pour 2 soldats.	Chevaux et mulets
1	2	3	4	5	6
Totaux des nuits devant servir de base au règlement de l'indemnité......................				(2)	
Nombre de nuits dues par la commune à titre gratuit. (Ce nombre est celui inscrit à la page ci-contre comme représentant les ressources de la commune pendant le mois — la nuit correspondant à un lit ou à une place — *mais il doit être multiplié par trois.*)...............					
Différence ouvrant droit à indemnité.........					

Le présent état, appuyé de   états d'effectif (modèle n° 1), est certifié par nous, maire de la commue d   , aux quantités ci-après de nuits donnant droit à indemnité, savoir :

		fr. c.	fr. c.	fr. c.
(3)	nuits d'officiers à......................	1 »		
	nuits de sous-officiers, brigadiers ou caporaux et soldats à..................	0 20		
	nuits de chevaux et mulets, à.........	0 05		

A   , le   189 .

Le Maire,

Vu, VÉRIFIÉ ET ARRÊTÉ le présent état s'élevant à la somme de (4) laquelle a été ordonnancée en un mandat n°   , en date du   189 , au nom du receveur municipal de la commune d

A   , le   189 .

Le Sous-Intendant militaire,

---

(1) D'après les états d'effectif (modèle n° 1) remis au maire par les commandants des troupes.

(2) Les nuits de sous-officiers sont réunies à celles de brigadiers ou caporaux et soldats (réduites de moitié en nombre) parce qu'elles donnent lieu au payement de la même indemnité (0 fr. 20).

(3) Indiquer les quantités en toutes lettres.

(4) Inscrire la somme en toutes lettres.

• CORPS D'ARMÉE

—

DÉPARTEMENT

d

—

ARRONDISSEMENT

d

—

COMMUNE

d

Loi du 3 juillet 1877.

—

Art. 32 du décret du 2 août 1877 modifié par le décret du 23 novembre 1886.

—

Instruction du 23 novembre 1886.

—

MODÈLE Nº 2 *bis.*

RÉQUISITIONS MILITAIRES.

CANTONNEMENT.

*ÉTAT des sommes dues aux habitants de la commune d
à titre d'indemnité pour cantonnement fourni à la troupe
pendant le mois d   189 .*

NOTA. — Cet état ne fait mention ni des chevaux ni des mulets, le cantonnement des animaux ne donnant droit à aucune indemnité en argent.

Déposé cojourd'hui et inscrit immédiatement sous le nº   , au registro spécial d'entrée des pièces de comptabilité.

A   , le   189 .

Le Sous-Intendant militaire,

RESSOURCES EN CANTONNEMENT

de la commune de   *pendant le mois d*   18 .

	PLACES D'OFFICIERS ET DE TROUPE.
Ressources d'après l'extrait, concernant la commune, des tableaux récapitulatifs des ressources de la région, envoyé au maire par le commandant du corps d'armée, en exécution de l'article 25 du décret du 2 août 1877..	
A augmenter pour les motifs ci-contre (1).	
A diminuer pour les motifs ci-contre (2).	
Ressources pendant le mois d 189	

Le Maire;

---

(1) Le maire consigne, entre les deux accolades, les circonstances qui ont pu accroître les ressources depuis l'établissement des tableaux récapitulatifs, et inscrit dans la colonne qui fait suite le nombre de places procuré par cet accroissement.

(2) Le maire consigne, entre les deux accolades, les circonstances qui ont pu réduire les ressources depuis l'établissement des tableaux récapitulatifs, ou qui l'ont empêché de suivre l'ordre de l'état indicatif des ressources de chaque maison, ainsi qu'il est prescrit par l'article 26 du décret du 2 août 1877. Il inscrit dans la colonne qui fait suite le nombre de places à diminuer en raison de ces circonstances.

ÉTAT NUMÉRIQUE RÉCAPITULATIF des officiers et de la troupe qui ont été cantonnés, dans la commune d'   , pendant le mois d'   18   , faisant ressortir l'indemnité due à la commune.

DÉSIGNATION des corps ET DÉTACHEMENTS.	PÉRIODES DE SÉJOUR.	NOMBRE do nuits (1) OFFICIERS ET TROUPE.
Total des nuits devant servir de base au règlement de l'indemnité............................ Nombre de nuits dues par la commune à titre gratuit (ce nombre est celui inscrit à la page ci-contre comme représentant les ressources de la commune pendant le mois — la nuit correspondant à une place — *mais il doit être multiplié par trois*)....... Différence suivant le droit à indemnité.............		

Le présent état, appuyé de   états d'effectif (modèle n° 1 *bis*), est certifié par nous, maire de la commune d   , à la quantité de (2)   nuits d'officiers et de troupe donnant droit à l'indemnité de 0 fr. 05, et, par suite, à la somme de (3)

A   , le   18   .

Le Maire,

Vu, VÉRIFIÉ et ARRÊTÉ le présent état s'élevant à la somme de (3)   , laquelle a été ordonnancée en un mandat n°   , en date du   18   , au nom du receveur municipal de la commune d

A   , le   18   .

Le Sous-Intendant militaire,

---

(1) D'après les états d'effectif (modèle n° 1 *bis*) remis au maire par les commandants des troupes.
(2) Indiquer la quantité en toutes lettres
(3) Inscrire la somme en toutes lettres.

No 9. Le Ministre de la guerre à MM. les Gouverneurs militaires de Paris et de Lyon, les Généraux commandant les corps d'armée. (*Etat-Major général, 1er Bureau*). Lettre collective no 4585.

Paris, le 31 mai 1887.

(Application de l'article 12 de la loi du 3 juillet 1877 et de l'article 23 du décret du 2 août de la même année aux établissements occupés par des veuves ou filles vivant seules.)

Mon cher Général, j'ai été consulté sur la question de savoir si les dispositions de l'article 12 de la loi du 3 juillet 1877 et de l'article 23 du décret du 2 août 1877, complété par le décret du 23 novembre 1886, qui dispensent du logement en nature et du cantonnement, dans certaines conditions, « les veuves et filles vivant seules et les communautés religieuses de femmes », sont applicables aux écoles normales d'institutrices.

Cette question, qu'il importe de généraliser, car elle peut être également posée pour d'autres établissements de même nature, tels que les lycées, collèges et pensionnats de jeunes filles, doit être résolue dans le sens de l'affirmative. En effet, les termes « veuves et filles vivant seules », qui figurent dans le texte des documents mentionnés ci-dessus, visent non seulement les veuves et filles vivant isolément, mais encore les réunions composées exclusivement de veuves ou de filles. S'il en était autrement, le bénéfice de la dispense devrait être refusé à toute veuve ayant une fille et vivant exclusivement avec elle, ce qui serait manifestement contraire à l'intention du législateur.

La mention complémentaire, concernant les communautés religieuses de femmes, ne peut avoir pour effet de restreindre la portée de l'expression qui la précède. Elle a simplement pour objet de ne permettre aucun doute sur l'application aux « religieuses » de la disposition édictée par la loi et les décrets.

En conséquence, tout établissement occupé par des veuves ou filles vivant seules, doit être considéré comme non soumis à la charge du logement en nature et comme ne devant fournir le cantonnement que dans les bâtiments qui peuvent être complètement séparés des locaux occupés pour l'habitation.

J'ai l'honneur de vous prier de vouloir bien, en ce qui vous concerne, assurer l'exécution de cette disposition,

Gal BOULANGER.

N° 10. Le Ministre de la guerre à MM. les Gouverneurs militaires de Paris et de Lyon, les Généraux commandant les corps d'armée. (*Etat-major de l'armée*, 1er *Bureau*.) Lettre collective n° 1223.

Paris, le 29 mars 1893.

(*Utilisation des locaux scolaires pour le logement et le cantonnement des troupes.*)

Mon cher Général, des divergences d'interprétation s'étant élevées sur les conditions dans lesquelles les locaux scolaires pourraient être occupés pour le logement ou le cantonnement des troupes, soit au moment des appels du temps de paix, soit en cas d'une mobilisation, un accord a dû intervenir entre les départements de l'Instruction publique, de l'Intérieur et de la Guerre pour régler définitivement la question et écarter à l'avenir toute contestation à ce sujet.

J'ai l'honneur de vous faire connaitre ci-après les bases de cet accord ;

Aux termes de la loi du 3 juillet 1877 (article 13) il appartient aux municipalités de veiller à ce que la charge du logement et du cantonnement soit répartie avec équité sur tous les habitants. Dans ces conditions, l'utilisation et l'emploi des locaux scolaires se feront de la façon suivante, soit pendant les appels du temps de paix, soit en cas de mobilisation, toutes les fois que les municipalités jugeront devoir y recourir :

1° « Les écoles de filles continueront à bénéficier des dispositions du décret et du règlement d'administration publique du 23 novembre 1886, concernant les établissements occupés par des femmes ou des filles vivant seules (1).

2° « Les établissements scolaires de garçons seront, quelle qu'en soit la nature, mis à la disposition des troupes, chaque fois que les municipalités jugeront devoir y recourir pour le logement ou le cantonnement.

« Il est, d'ailleurs, entendu que cette occupation ne pourra jamais s'étendre à la partie des locaux effectivement habitée par les élèves présents. En outre, les autorités municipales devront, avant de fixer la quantité d'hommes que peut recevoir un établissement pendant la période de scolarité, consulter son directeur, afin de n'y loger ou cantonner, sauf le cas de force majeure, que le nombre d'hommes compatible avec le fonctionnement du service scolaire. »

« D'autre part, il sera rappelé que la présence de literie et de mobilier, disponibles dans un établissement scolaire, n'implique

_____

(1) Voir la circulaire n° 4585 du 31 mai 1887, p. 82.

« en aucune façon leur mise à la disposition des troupes simple-
« ment cantonnées. »

3° « Les dégâts causés par les militaires, dans les bâtiments
« scolaires, seront estimés dans les mêmes formes que ceux dont
« aurait à se plaindre un particulier, et les imputations qui en
« résulteront seront mises à la charge du département de la
« guerre. »

Ces dispositions, que MM. les Ministres de l'Intérieur et de
l'Instruction publique ont été priés de porter à la connaissance
du personnel sous leurs ordres, annulent et remplacent toutes les
instructions qui auraient pu vous être adressées jusqu'à ce jour
relativement à cet objet.

Je vous serai obligé de vouloir bien donner les ordres nécessaires pour en assurer, à l'avenir, l'exécution en ce qui vous concerne.

Gal LOIZILLON.

Ravitaillement de la population civile des places fortes.

N° 1. *Décret déterminant les règles générales du ravitaillement
de la population civile des places fortes.*

Paris, le 12 mars 1890.

LE PRÉSIDENT DE LA RÉPUBLIQUE FRANÇAISE,

Vu l'avis du comité permanent des subsistances en date du
31 janvier et du 14 février 1890;
Vu la loi du 3 juillet 1877, sur les réquisitions militaires;
Vu la loi du 5 mars 1890;
Sur le rapport du Ministre de la guerre,

DÉCRÈTE :

Art. 1er. Toutes les mesures d'exécution nécessaires pour assurer, en cas de siège, la subsistance de la population civile des
places fortes, tant du corps de place que des communes englo-
bées dans le périmètre de défense, doivent être préparées, dès le
temps de paix, pour la partie de cette population que l'autorité
militaire estime pouvoir conserver dans l'enceinte de la place.

Art. 2. Pour subvenir aux besoins des populations en vivres,
fourrages, combustibles et autres denrées, on procédera :

1° Par des achats ou réquisitions à exécuter dans la partie de la zone immédiate de ravitaillement qui se trouve sur le territoire placé sous le commandement du gouverneur de la place;

2º Par des achats ou réquisitions à exécuter sur le territoire national, en dehors des limites de ce commandement, soit dans la zone immédiate de ravitaillement, soit dans les centres de ravitaillement distincts de cette zone et désignés d'avance;

3º Par des achats en dehors du territoire national;

4º Par des approvisionnements permanents, quand la formation d'approvisionnements éventuels par les moyens prévus aux alinéas 1º, 2º et 3º ci-dessus aura été reconnue insuffisante par le Ministre de la guerre.

Ces approvisionnements permanents sont constitués et entretenus dès le temps de paix, en conformité des crédits votés par les Chambres.

Art. 3. Les dépenses relatives à la constitution des approvisionnements éventuels, au moment de la mobilisation, seront effectuées sur ordonnancement ou réquisition de l'administration militaire, suivant le mode arrêté de concert entre les Ministres de la guerre et des finances, et imputées provisoirement, sauf restitution ultérieure, à un compte général hors budget, classé parmi les services spéciaux du Trésor, sous le titre de : « Dépenses des approvisionnements de siège. » Ce compte sera soldé progressivement par l'inscription en recette :

1º Des versements opérés dans les caisses du Trésor par les villes et communes, à des époques périodiques à déterminer, suivant les circonstances, pour la valeur des denrées que les municipalités auront reçues de l'administration militaire et livrées à la population civile;

2º Des ordonnances délivrées sur le budget de la guerre correspondant à la valeur des denrées qui auront été affectées aux besoins de l'armée;

3º Des ordonnancements effectués sur le même budget, au profit du Trésor, pour balancer la différence entre les prix de revient des denrées et les prix de remboursement.

Les dépenses résultant de la constitution, de l'entretien et du renouvellement des approvisionnements permanents créés par le Ministre de la guerre sont à la charge du budget de la guerre, qui sera remboursé de ses cessions aux villes et communes comme il est dit au paragraphe 1º du présent article et à l'article 8 ci-après.

Art. 4. Le Ministre de la guerre a, dans ses attributions, le service des approvisionnements, éventuels ou permanents, destinés à la population civile des places fortes. Il détermine la nature et l'importance des approvisionnements éventuels, les procédés par lesquels ils doivent être réalisés, les zones ou centres de ravitaillement affectés à chaque place pour les diverses denrées. Il désigne les places dans lesquelles il y a lieu d'entretenir des approvisionnements permanents, fixe la nature et l'importance de ces approvisionnements et en assure la constitution et l'entretien, dans les limites des crédits votés par les Chambres.

Ces dispositions ne font pas obstacle aux mesures qui pourraient être prises dans le même but, pendant le temps de paix, par les municipalités dans les limites de leurs attributions, à la charge par elles d'en donner connaissance à l'autorité militaire.

Art. 5. Les approvisionnements permanents constitués et entretenus par les soins directs de l'administration militaire font partie du matériel du département de la guerre et sont administrés et gérés d'après les règles en vigueur dans ce département. Ils font l'objet de rubriques distinctes dans les états de situation et de comptabilité.

Pour les approvisionnements permanents constitués et entretenus par des compagnies ou des entrepreneurs qui tiennent simplément les denrées à la disposition de l'administration militaire, en vertu de conventions spéciales, les procédés de surveillance, comprenant des inspections périodiques et inopinées, ainsi que le mode et la périodicité du renouvellement, sont réglés par ces conventions.

Art. 6. Dès que l'ordre général de mobilisation est donné, les places de première urgence procèdent immédiatement, et sans autre avis, à la formation de leurs approvisionnements éventuels, dans les conditions et dans les zones de ravitaillement précédemment déterminées par le Ministre de la guerre.

Le Ministre de la guerre peut, d'ailleurs, si les circonstances l'exigent, prescrire le ravitaillement immédiat d'une place de première urgence, sans que l'ordre général de mobilisation soit donné. Avis en est alors adressé par lui à toutes les autorités qui doivent concourir à ce ravitaillement sur l'ordre du gouverneur de la place; ce dernier n'emploie, dans ce cas particulier, que le procédé des achats, à l'exclusion des réquisitions.

Les places de deuxième urgence attendent un ordre spécial du Ministre de la guerre, même en cas de mobilisation, pour procéder à leur ravitaillement.

Art. 7. Dès que le ravitaillement d'une place est prescrit, soit par un ordre spécial du Ministre, soit comme conséquence de l'ordre général de mobilisation, le gouverneur de cette place passe immédiatement aux mesures d'exécution consignées sur le journal de ravitaillement de la place, approuvé d'avance par le Ministre de la guerre.

En ce qui concerne la partie de la zone de ravitaillement placée sous son commandement, il dirige et surveille l'exécution de ces mesures, il fait passer les marchés et solder les réquisitions, dans les conditions prévues par l'article 27 de la loi du 3 juillet 1877, par l'autorité administrative sous ses ordres.

Si la place doit recourir à des centres de ravitaillement placés en dehors de son commandement, le gouverneur de la place prévient les autorités militaires ou civiles qui ont été désignées d'avance dans ces centres, d'exécuter les achats ou réquisitions dont elles doivent posséder le détail dès le temps de paix. Il délègue, dans ce but, aux autorités civiles, s'il y a lieu, les droits de réquisition nécessaires pour l'acquisition et le transport des denrées. L'ordonnancement des dépenses est fait, dans ce cas, par l'autorité administrative militaire du lieu de livraison du matériel ou des denrées auxquels ces dépenses sont relatives.

Quant aux achats à effectuer à l'étranger, le Ministre de la guerre seul les ordonne et les fait exécuter. Les moyens propres à assurer ces achats ainsi que les règles relatives aux payements auxquels ils donneront lieu sont déterminés, dès le temps de paix, par une entente entre les départements ministériels intéressés.

Art. 8. Les approvisionnements destinés à la population civile, permanents ou éventuels, restent en la possession de l'autorité militaire à partir du moment où ils sont constitués par elle jusqu'à ce que le gouverneur donne l'ordre de les distribuer aux habitants par suite de l'épuisement complet des ressources locales. Ils sont alors délivrés directement, au fur et à mesure des besoins, à l'autorité municipale, qui est chargée d'en assurer la répartition entre les habitants et d'en recouvrer le montant. Le remboursement par la municipalité a lieu aux prix fixés par le dernier tarif publié du service des subsistances militaires, qui devra comprendre, dans ce but, toutes les denrées entrant dans l'approvisionnement des places fortes.

Art. 9. Si la place, après avoir été ravitaillée, n'est pas menacée d'un investissement ultérieur, les approvisionnements qui y ont été rassemblés restent à la disposition du Ministre de la guerre, qui appréciera s'ils doivent être conservés dans la place en totalité ou en partie, ou s'ils peuvent être employés au ravitaillement des armées qui tiennent la campagne, ou s'ils peuvent être cédés aux municipalités contre remboursement, comme il est dit à l'article 8.

Art. 10. Le Ministre de la guerre est et demeure chargé de l'exécution du présent décret, qui abroge toute disposition contraire.

Fait à Paris, le 12 mars 1890.

Signé : CARNOT.

Par le Président de la République :

Le Ministre de la guerre,
Signé : C. DE FREYCINET.

N° 2. *Loi ayant pour objet d'assurer l'approvisionnement de la population civile des places fortes en cas de guerre.*

Paris, le 1er février 1892.

Le Sénat et la Chambre des députés ont adopté,

Le Président de la République promulgue la loi dont la teneur suit :

Art. 1er. En prévision d'un investissement en temps de guerre, le Ministre de la guerre est autorisé à former des approvisionnements permanents en farine ou en blé, en vue des premiers besoins des populations civiles comprises dans les périmètres des camps retranchés des places fortes.

L'étendue de ces approvisionnements est déterminée par le Ministre de la guerre, d'après les crédits législatifs qui seront ouverts à cet effet et sans pouvoir toutefois excéder les besoins évalués à deux mois.

Art. 2. Les frais de constitution et d'entretien de ces approvisionnements seront à la charge de l'Etat.

La présente loi, délibérée et adoptée par le Sénat et par la Chambre des députés, sera exécutée comme loi de l'Etat.

Fait à Paris, le 1er février 1892.

Signé : CARNOT.

Par le Président de la République :

Le Président du conseil,	*Le Ministre de l'intérieur,*
Ministre de la guerre,	Signé : Constans.
Signé : C. de Freycinet.	

N° 3. *Instruction ministérielle relative à la constitution et au fonctionnement de la commission centrale et des commissions départementales d'évaluation des réquisitions sur le territoire national en cas de mobilisation générale. (5e Direction; Cabinet du Directeur, Ravitaillement.)*

Paris, le 10 mai 1894.

CHAPITRE Ier.

COMMISSION CENTRALE.

La commission centrale prévue à l'article 44 du décret du 2 août 1877 pour l'exécution de la loi relative aux réquisitions militaires est constituée en temps de paix.

Sa composition est la suivante :

Un contrôleur général de l'administration de l'armée, président ;

Un représentant du ministère de l'intérieur ;

Un représentant du ministère des finances ;

Un représentant du ministère de l'agriculture ;

Un représentant du ministère du commerce et de l'industrie ;

Deux membres de la chambre de commerce de Paris ;

Deux fonctionnaires du corps du contrôle de l'administration de l'armée ;

Un sous-intendant militaire attaché à la 5e direction (services administratifs).

Le président choisit le secrétaire parmi les membres militaires de la commission.

Cette assemblée peut s'adjoindre, à titre de membre consultatif, toute personne qu'elle juge propre à éclairer ses travaux.

Le président et les membres de la commission sont nommés par le Ministre de la guerre.

Les membres civils sont désignés sur la proposition des ministres dont le département est représenté au sein de la commission et, en ce qui concerne les représentants de la chambre de commerce de Paris, sur la proposition du président de cette chambre.

La liste des membres de la commission est constamment tenue à jour au ministère de la guerre, de concert avec les autres ministères et administrations intéressés.

La commission est convoquée, en temps de paix, lorsque le Ministre de la guerre le juge nécessaire ; en temps de guerre, elle doit se réunir sur la convocation du président le deuxième jour de la mobilisation.

Le fonctionnement de la commission centrale est rattaché au bureau du contentieux et de liquidation qui relève de la direction du contrôle au ministère de la guerre.

Les attributions principales de la commission centrale embrassent :

1° Les rapports avec les commissions départementales d'évaluation des réquisitions ;

2° Les mesures pour assurer l'uniformité et la régularité des liquidations ;

3° Les avis à émettre sur toutes les difficultés auxquelles peut donner lieu le règlement des indemnités relatives aux réquisitions militaires.

§ 1er. — *Rapports avec les commissions départementales.*

Les tarifs établis par les commissions d'évaluation doivent être arrêtés par le Ministre de la guerre (art. 48 du décret du 2 août 1877). La commission centrale est, pour cet objet, le conseil du

Ministre. Elle provoque les explications des commissions départementales et se fait communiquer les éléments qui ont servi de base à la détermination des prix.

Il lui appartient de choisir le mode de tarification uniforme qui devra être mis en pratique pour les divers objets susceptibles d'être réquisitionnés dans chaque département, d'en préparer ou d'en contrôler l'application.

Pour les objets non compris dans les tarifs, la commission comparera les prix payés dans les diverses régions ; elle rapprochera les propositions faites par les commissions départementales des fixations arrêtées par l'intendant de corps d'armée, et elle s'efforcera d'assurer, dans l'appréciation des dommages, l'uniformité compatible avec les différences qui peuvent exister dans la situation économique des diverses régions.

La commission aura également à examiner l'opportunité de certaines réquisitions sur lesquelles le Ministre peut être appelé à se prononcer (emploi anormal d'établissements industriels, article 6 de la loi du 3 juillet 1877) ; elle émettra, à cet égard, un avis motivé.

§ 2. — *Liquidation et payement.*

La commission centrale, à qui seront adressés les rapports de liquidation, s'assurera, par l'examen de ces rapports et des pièces justificatives qui y sont jointes (états A, A *bis*, B, etc.), que les délais fixés par la loi, soit pour la notification des indemnités allouées (art. 25 de la loi du 3 juillet 1877), soit pour l'acceptation ou le refus (art. 51 du décret du 2 août 1877), soit pour la délivrance du mandat de payement (art. 53 du décret), ont été ponctuellement observés ; que les formalités prescrites par les articles 49, 51 et 52 du décret du 2 août 1877 ont été exactement suivies, et, d'une manière générale, que les droits des prestataires, comme ceux de l'Etat, ont été sauvegardés.

La commission pourra être appelée à formuler son avis sur les catégories de réquisition dont le paiement pourra être fait en bons du Trésor. (Art. 27 de la loi du 3 juillet 1877.)

§ 3. — *Difficultés contentieuses.*

Il importe de prévoir les difficultés auxquelles l'application de la loi sur les réquisitions pourrait donner lieu. Bien que les affaires contentieuses de cette nature ne ressortissent pas à la juridiction ministérielle, le Ministre de la guerre aura, dans certains cas, à y intervenir.

a) Il interviendra préventivement lorsque des difficultés lui seront soumises soit par les commissions départementales d'évaluation, soit par les fonctionnaires de l'intendance chargés de poursuivre le règlement des indemnités.

b) L'appel en conciliation implique, pour le fonctionnaire de l'intendance, le droit de transiger. Lorsqu'il s'agira de fournitures importantes, ce fonctionnaire aura évidemment le droit de prendre, au préalable, les instructions du Ministre.

c) Si le tribunal saisi de la contestation ne statue qu'en premier ressort (art. 26 de la loi du 3 juillet 1877), il appartiendra au Ministre de décider s'il sera fait appel. Même dans le cas où l'appel ne sera pas possible, il y aura encore à examiner si le jugement n'est pas susceptible d'être déféré à la cour de cassation pour vice de forme ou violation de la loi.

d) Enfin, en cette matière comme en toute autre, à côté de la juridiction légale, il y a encore ce que l'on appelle la juridiction gracieuse, et celle-ci est exclusivement du ressort du Ministre.

Dans ces diverses éventualités, la commission centrale aura à préparer un projet de décision.

CHAPITRE II.

COMMISSION DÉPARTEMENTALE (1).

Les commissions départementales d'évaluation, dont la création est prévue aux articles 24 de la loi du 3 juillet 1877, 45 et 46 du décret du 2 août 1877, sont également constituées dès le temps de paix. Elles sont uniformément composées de cinq membres (trois civils et deux militaires).

Le président, le secrétaire et les membres militaires sont nommés par les gouverneurs militaires et les généraux commandants de corps d'armée ; les préfets désignent à la nomination de ces officiers généraux les membres civils, qui seront pris, autant que possible, dans le sein du comité départemental de ravitaillement.

Les officiers appelés à faire partie des commissions départementales doivent être choisis parmi ceux qui sont dégagés de toute obligation militaire et reconnus aptes à remplir des fonctions sédentaires (dépêche ministérielle nº 2909 du 21 juillet 1893, état-major de l'armée).

La liste des membres de chaque commission est constamment tenue à jour de concert avec le préfet du département ; cette liste comprend des membres suppléants.

Les membres titulaires ou suppléants sont informés, dès le temps de paix, de leur désignation.

Les commissions départementales fonctionnent dans les conditions indiquées aux articles 25 de la loi du 3 juillet 1877, 47, 49 et 50 du décret du 2 août 1877.

En cas de mobilisation, les commissions départementales d'é-

---

(1) En cas de mobilisation, les indemnités à allouer aux membres de ces commissions sont celles fixées pour les membres des commissions de réquisitions des chevaux et voitures (Note ministérielle du 17 août 1894.)

valuation se réunissent d'office sur la convocation de leur président et, au plus tard, le deuxième jour au matin.

Elles déterminent, suivant la situation économique du département, les catégories de prestations pour lesquelles il y a lieu d'établir des tarifs ; elles dressent ensuite les projets de tarifs départementaux et les soumettent, le plus tôt possible, à l'approbation du Ministre.

Lorsque ces tarifs ont été acceptés par le Ministre, ils sont notifiés par l'autorité militaire régionale aux autorités civiles et militaires qui sont appelées à en faire usage. Dans l'intérêt des particuliers, ces tarifs sont également insérés dans les principaux organes locaux de publicité.

Les objets, denrées ou services susceptibles d'être réquisitionnés et qui ne sont pas compris dans les tarifs départementaux ne sont pas l'objet d'une évaluation à fixer préalablement. Les commissions départementales sont appelées à donner leur avis sur les prix de chaque prestation et sur les différences qui peuvent se produire entre les quantités réclamées et celles qui résultent des reçus de réquisition dans les conditions prévues à l'article 50 du décret du 2 août 1877.

Les commissions départementales seront appelées à donner leur avis lorsque le général commandant le corps d'armée aura à se prononcer d'urgence sur l'opportunité des réquisitions relatives à l'emploi d'établissements industriels pour la fourniture de produits autres que ceux qui résultent de leur fabrication normale. (Art. 6 de la loi du 3 juillet 1877.)

Les modifications qu'il y aurait lieu d'apporter aux tarifs départementaux sont étudiées, proposées, approuvées et notifiées dans les mêmes conditions que pour le premier établissement de ces tarifs.

Les rapports des commissions départementales avec la commission centrale sont indiqués dans la partie de la présente instruction qui traite de cette assemblée.

Les commissions départementales pourront, sur l'ordre ou l'autorisation du Ministre de la guerre, être convoquées, dès le temps de la paix, afin de poser les bases de leurs travaux et de préparer l'exécution de la mission qui leur sera confiée à la mobilisation.

Le commandement territorial pourra désigner des officiers et fonctionnaires de l'armée active pour assister à ces réunions du temps de paix et participer, avec voix consultative seulement, aux travaux d'études des commissions départementales.

Le Ministre de la guerre,

Signé : A. Mercier.

Réquisitions dans les eaux maritimes.

N° 1. *Note ministérielle relative aux réquisitions dans les eaux maritimes.* (Cabinet du Ministre, Bureau de la Correspondance générale.)

Paris, le 25 juin 1885.

Le Ministre de la guerre appelle l'attention des autorités militaires sur la circulaire suivante, émanant du Ministre de la marine, qui détermine l'autorité à laquelle doivent être adressées, en dehors des chefs-lieux de quartier maritime, les réquisitions de navires ou de bateaux.

« *Le Ministre de la marine et des colonies à MM. les vice-amiraux commandant en chef, préfets maritimes, commissaires généraux de la marine, chefs du service de la marine, commissaires de l'inscription maritime.*

« Messieurs,

« J'ai été consulté sur la question de savoir à quelle autorité doivent être adressées, dans les eaux maritimes, les réquisitions relatives à l'emploi temporaire de navires, bateaux ou embarcations de toute nature, et de tout ou partie de leurs équipages, lorsqu'il y a lieu d'exercer ces réquisitions en dehors d'un chef-lieu de quartier, c'est-à-dire hors de la résidence d'un commissaire de l'inscription maritime.

« Aux termes de l'article 23 de la loi du 23 juillet 1877, les réquisitions dont il s'agit « se font par l'intermédiaire de l'administration de la marine, sur les points du littoral où elle est représentée » ; de plus, d'après l'article 43 du règlement d'administration publique du 2 août 1877, rendu en exécution de cette loi, lesdites réquisitions sont adressées au représentant de la marine, s'il y en a un dans la localité.

« Or, en dehors des chefs-lieux de quartier, les syndics des gens de mer sont les représentants de la marine, et se trouvent, en conséquence, substitués aux maires pour les réquisitions de l'espèce, à titre de suppléants des commissaires de l'inscription maritime. C'est donc aux syndics des gens de mer que doivent, dans ce cas, être adressées les réquisitions militaires.

« Cette solution, est, du reste, conforme à l'esprit de la loi du 3 juillet 1877, qui a jugé l'intervention de l'autorité maritime indispensable en pareille circonstance et qui, dans l'article 68 du décret précité du 2 août suivant, a spécifié qu'en l'absence d'un représentant de la marine, l'autorité militaire devait s'adresser directement au capitaine du navire, sans passer par l'autorité municipale. »

TABLE DES MATIÈRES.

Paris et Limoges. — Imprimerie militaire Henri Charles-Lavauzelle.

Paris et Limoges. — Imprimerie militaire Henri CHARLES-LAVAUZELLE.